Michael Schmidt-Salomon
Helge Nyncke
Gunnar Schedel

Die Rettung des kleinen Ferkels

Michael Schmidt-Salomon
Helge Nyncke
Gunnar Schedel

Die Rettung des kleinen Ferkels

Warum auch Kinder über Religion lachen dürfen

Alibri

2018

Alibri Verlag
www.alibri.de
Aschaffenburg
Mitglied in der Assoziation Linker Verlage (aLiVe)

1. Auflage 2018

Umschlaggestaltung: Claus Sterneck
Druck und Verarbeitung: Interpress, Budapest

ISBN 978-3-86569-222-1

Inhaltsverzeichnis

Wer GOTT
nicht kennt,
dem fehlt
etwas!

Vorwort: Lehren aus dem Ferkel-Streit

„Wo bitte geht's zur Bundesprüfstelle?" – Als wir am 6. März 2008 vor dem *Ausschuss für jugendgefährdende Medien* unser Kinderbuch *Wo bitte geht's zu Gott? fragte das kleine Ferkel* verteidigten, rechneten wir mit dem Schlimmsten. Schließlich saßen (und sitzen) in diesem Ausschuss überproportional viele Religionsvertreter. Daher hatten wir für den Fall der Niederlage bereits ein T-Shirt produziert, auf dem die beiden Helden unseres Buches, das kleine Ferkel und der kleine Igel, den liebenswert frechen (später leider von der NSU missbrauchten) rosaroten Panther zitierten: *„Heute ist nicht alle Tage – Wir kommen wieder, keine Frage!"*

Glücklicherweise mussten wir dieses T-Shirt nicht überziehen, als wir die Bundesprüfstelle verließen. Irgendwie war es uns gelungen, zumindest einen Teil des Ausschusses von unseren Argumenten zu überzeugen (ansonsten wäre das „kleine Ferkel" als das erste „Kinderbuch ab 18" in die Geschichte eingegangen). Wahrscheinlich hat uns bei der „Rettung des kleinen Ferkels" sehr geholfen, dass wir uns die Mühe gemacht hatten, eine umfangreiche Verteidigungsschrift zu verfassen, die nicht nur die Konzeption des Buches erklärte, sondern auch die hochproblematischen politischen Hintergründe beleuchtete, die zum Indizierungsantrag durch das *Bundesministerium für Familie, Senioren, Frauen und Jugend* geführt hatten.

Dass wir diese Verteidigungsschrift nun – zum „10-Jahresjubiläum der Ferkelrettung“ – erstmals in Buchform vorlegen, hat zwei Gründe. Der erste Grund ist persönlicher Art: Da das Ferkelbuch (und der Skandal, den es auslöste) inzwischen in vielen Religions- und Ethikbüchern behandelt wird, erreichen mich regelmäßig dicke Stapel mit Aufsätzen von Schülerinnen und Schülern, die ihre Haltung zum Buch teils sehr ausführlich formulieren (ich hoffe, es handelt sich dabei nicht um Strafarbeiten!). Viele Schülerinnen und Schüler (mitunter auch Lehrer) stellen mir dabei Fragen, auf die ich aus Zeitnot nicht eingehen kann, was bei mir ein schlechtes Gewissen hinterlässt. Daher freue ich mich sehr über das vorliegende Buch, das die allermeisten dieser Fragen beantwortet und mit dem ich mich künftig bei den Schulklassen und Oberstufenkursen für die Mühen revanchieren kann.

Der zweite Grund ist politischer Natur (und zweifellos sehr viel wichtiger): Der Skandal, den das kleine Ferkel vor einem Jahrzehnt entfachte, hat Probleme sichtbar gemacht, die das gesellschaftliche Zusammenleben bis heute erschweren und die sich in den letzten 10 Jahren teilweise weiter verschärft haben. Ich möchte nachfolgend auf einige dieser Probleme eingehen.

1. Kollektivistische Identitätspolitik

Vor 10 Jahren wurde das Ferkelbuch vor allem deshalb angegriffen, weil es angeblich geeignet sei, „die“ Juden, „die“ Christen und „die“ Muslime zu beleidigen. Dass unsere Kritik derartige Stereotype keineswegs bediente, sondern auf ganz bestimmte (fundamentalistische) Vertreter bzw. Sichtweisen der Religionen abzielte, wurde völlig ausgeblendet. Aus heutiger Sicht ist klar, dass sich in den damaligen Ferkelbuch-Verrissen eine Argumentationsweise widerspiegelte, die in den darauffolgenden Jahren immer weitere Kreise der Gesellschaft infizierte, nämlich die ideologische Ausrichtung auf kollektivistische Identitäten.

Eigentlich sind solche kollektivistisch-identitären Denkfiguren eine Spezialität rechtsgerichteter Bewegungen, die das Individuum über seine Gruppenzugehörigkeit bestimmen und auf der Basis dieser Identitätskonstruktionen populistische, wenn nicht sogar extremistische Politik betreiben („*wir* Deutschen" gegen „*die* Türken", „*wir* Christen" gegen „*die* Muslime", „*wir* Amerikaner" gegen „*die* Mexikaner", „*wir* Muslime" gegen „*die* Ungläubigen" etc.). Bedauerlicherweise wurde diese identitäre Denkschablone in den letzten Jahren zunehmend auch von links-liberalen Kreisen übernommen – aus gut gemeinten Gründen freilich, aber letztlich nicht weniger fatal: So hat das eigentlich sehr löbliche Bestreben, Minderheiten zu schützen, dazu geführt, dass viele Linke jede noch so reaktionäre, patriarchale, chauvinistische, menschenverachtende und wirklichkeitsentstellende Haltung verteidigen, wenn sie denn nur von einer als hinreichend „unterdrückt" geltenden „Minderheit" vertreten wird. (Zur Charakterisierung dieser seltsamen „linken" Verteidigung „rechter" Positionen hat sich der Begriff „regressive Linke" etabliert, der das Phänomen treffend beschreibt.)

Für die Beurteilung der Güte eines Arguments ist es heute oft nicht mehr ausschlaggebend, ob es den Kriterien der Rationalität genügt, sondern *wer* es *wo* als Vertreter *welcher Gruppe* geäußert hat bzw. welche *andere Gruppe* durch das Argument möglicherweise *beleidigt* sein könnte. Hierdurch ist ein regelrechter *Wettlauf um die „Poleposition im Opferdiskurs"* entstanden – nach dem Motto „Wer Opfer ist, hat Recht – und wer noch mehr Opfer ist, hat noch mehr Recht!" Kein Wunder also, dass sich mittlerweile nicht bloß Salafisten als „Opfer des Establishment" stilisieren, sondern auch die AfD, die es mit dieser Argumentationsfigur immerhin zur drittstärksten Fraktion im Deutschen Bundestag gebracht hat.

Bei alldem sind zwei wichtige Differenzierungen verlorengegangen, die für das Funktionieren einer Streitkultur entscheidend sind. Erstens die *Differenzierung zwischen Individuum und Kollektiv*: Wir wissen seit langem, dass die empirischen Unterschiede *innerhalb von Gruppen* (etwa die Unterschiede *innerhalb* der „Gruppe der Deutschen" und *innerhalb* der „Gruppe der Türken") sehr viel größer sind als die Unterschiede *zwischen den Gruppen* (etwa *zwischen* den Gruppen „der Deutschen" und „der Türken"). Die identitäre Argumentation beruht also auf keinem soliden empirischen Fundament, aber: Sie bietet einen fruchtbaren Nährboden für *gruppenbezogene Menschenfeindlichkeit*. Warum? Weil Menschen, die sich nicht mehr vorrangig als *Individuen*, sondern als *Gruppenmitglieder* begreifen, dazu neigen, sich von der Gruppe „der Anderen" abzugrenzen und sie als „Gefahr für die eigene Identität" zu erleben, vor der man sich angeblich schützen müsse. Verteidiger der offenen Gesellschaft sind daher gut beraten, identitäre Argumentationsmuster abzulegen, oder besser noch: sie gezielt zu bekämpfen.

Die zweite Unterscheidung, die im identitären Opfer-Diskurs untergegangen ist, ist die *Differenzierung zwischen Person und Position*: Es sollte selbstverständlich sein, dass jeder Person *als Person* Respekt gebührt (das gebietet die universelle Menschenwürde!), ebenso selbstverständlich sollte aber auch sein, dass viele *Positionen*, die Menschen vertreten, keinerlei Respekt verdienen! Im Grunde ist dies eine Frage der Logik: *Wer Menschen als Menschen achtet, kann menschenverachtenden Positionen keine Achtung entgegenbringen!* Wer dies dennoch tut, beweist damit keine *Toleranz*, sondern *Ignoranz*. In meinen Büchern (vor allem in „Die Grenzen der Toleranz") habe ich diese Differenzierungen hinreichend dargelegt (siehe hierzu auch die Analyse der 16. Doppelseite im ersten Kapitel der Ferkel-Verteidigungsschrift), so dass ich mir hier weitere Ausführungen ersparen kann.

Anmerken möchte ich jedoch, dass die Differenzierung zwischen Person und Position auf der letzten Doppelseite des Ferkelbuchs sehr schön illustriert ist. Dort nämlich wer-

den die fundamentalistischen Vertreter der Religionen *als Personen* herzlich im Kreise der „nackten Affen“ willkommen geheißen, ihre (gerade auch für Kinder) furchteinflößenden *Positionen* hingegen nicht.

Einige wenige Kommentatoren haben dies verstanden, etwa Eckart Spoo, seinerzeit Herausgeber der Zeitschrift *Ossietzky* und Vorstandsmitglied der *Stiftung Deutsches Holocaust-Museum*, der schrieb: „Frisch, frech, fröhlich, frei wie die Verse sind die Bilder dieses Buches, das man als Beitrag zur Friedenserziehung niemandem früh genug schenken kann. Am besten gefällt mir das Schlussbild: lauter nackte Menschen, Gleiche unter Gleichen, und anscheinend ist auch den Gottesmännern die Rückkehr ins Paradies gelungen – obwohl sie noch immer ängstlich-verkrampft mit beiden Händen ihre Lustglieder verstecken“ (Eckart Spoo in *Ossietzky* 15/2008). Den meisten Ferkelbuch-Kritikern allerdings entging diese klare Differenzierung zwischen Person und Position, was man jedoch den Kritikern anlasten sollte –

nicht den Verfassern des Buches. Um dies zu verdeutlichten, hatten wir unserer Verteidigungsschrift ein Zitat von Georg Christoph Lichtenberg vorangestellt: *„Wenn ein Buch und ein Kopf zusammenstoßen und es klingt hohl, ist das allemal im Buch?"*

2. Empörialismus statt Journalismus

Dass (konservative) Religionsvertreter nicht sonderlich amüsiert waren, dass das Ferkelbuch ihr „Weltanschauungsmonopol im Kinderzimmer" durchbrach, geschweige denn: dass es die Bestsellerliste der „religiösen Kinder- und Jugendbücher" über Wochen anführte, hat uns nicht verwundert. Im Gegenteil: Wir hatten mit massiven Gegenreaktionen gerechnet. Erstaunt waren wir allerdings über den Shitstorm, der kurz nach der Bekanntmachung des Indizierungsantrags in den deutschen Medien losgetreten wurde.

Von „Qualitätsjournalismus" war da wenig zu spüren. Es zeigte sich schnell, dass die meisten Journalisten, die über das Buch schrieben, es offenkundig gar nicht gelesen hatten, was sich u.a. darin äußerte, dass von *einem* Presseartikel zum *nächsten* die gleiche, falsche Seitenzahl übernommen wurde. Die Berichterstattung wurde in geradezu grotesker Weise von der Sichtweise der Kirchen bzw. des Bundesfamilienministeriums dominiert, ohne dass deren Argumente in irgendeiner Weise kritisch überprüft worden wären. Die Autoren des Buchs kamen in den Medienbeiträgen kaum zu Wort, dafür aber sehr ausführlich der „Chor der Beleidigten" (als ob „Beleidigtsein" schon ein Argument für die Richtigkeit eines Standpunkts wäre).

Einige Journalisten nahmen die ungerechtfertigten Angriffe zum Anlass, um die Autoren noch heftiger unter die Gürtellinie zu attackieren. So rückte der Nahost-Korrespondent Ulrich W. Sahm das Ferkelbuch bei *N-TV* wie auch bei der *Neuen Ruhr Zeitung* (NRZ) in die Nähe des National-

Propagandafeldzug eines aggressiven, militanten Atheismus sehen wollten.

In den Kapiteln vier, fünf und sechs nehmen der Texter, der Illustrator und der Verlag aus ihrer jeweiligen Sicht Stellung zu den gegen sie erhobenen Vorwürfen.

Im siebten Kapitel melden sich Psychologen, Psychiater, Schriftsteller, Historiker, Religionswissenschaftler sowie „einfache Leser“ (Eltern und Kinder) des Ferkelbuchs zu Wort.

Das achte Kapitel enthält eine zusammenfassende Würdigung des Falls, das neunte Kapitel ein Verzeichnis der in dieser Schrift zitierten Literatur.

In der Anlage findet sich eine gemeinsame Erklärung von 22 säkularen Verbänden aus Deutschland, Österreich und der Schweiz zum Indizierungsantrag, ein Hinweis auf die Unterstützer der Petition „Rettet das kleine Ferkel!“, ein Screenshot der Amazon-Bestsellerliste (Kategorie „religiöse Kinder- und Jugendbücher“) vom 16.12.2007, sowie eine Analyse von Kinderbibeln, die nach Ansicht vieler Psychologen weit eher als „das kleine Ferkel“ geeignet sind, das Kindeswohl zu gefährden.

Michael Schmidt-Salomon
Helge Nyncke
Wo bitte geht's zu Gott?
fragte das kleine Ferkel
Ein Buch für alle, die sich
nichts vormachen lassen
Alibri

1. Kommentar der Autoren: Das kleine Ferkel – Seite für Seite erklärt

Vorbemerkung

Die Geschichte vom kleinen Ferkel ist eine Fabel. Wie viele Texte dieser Literaturgattung hat auch *Wo bitte geht's zu Gott?* eine einfache (für Kinder intuitiv zugängliche) Verständnisebene und eine tiefere Verständnisebene (die Jugendliche und Erwachsene erfassen können, sofern sie sich intensiver mit Text und Bild auseinandersetzen). Aufgrund dieser Textanlage haben wir „das kleine Ferkel" von Anfang an als Kinder- und Erwachsenenbuch begriffen.

Unsere Erfahrung war, dass Kinder keinerlei Schwierigkeiten hatten, die Geschichte auf der für sie gedachten, einfachen Ebene zu begreifen. Sie konnten die Abenteuer des kleinen Ferkels und des kleinen Igels leicht nachvollziehen und erfreuten sich an deren lustigen, klugen Schlussfolgerungen. Erstaunlich viele Erwachsene jedoch scheiterten bei der Interpretation von Text und Bild auf der tieferen Verständnisebene. Sie deuteten Dinge in die Geschichte hinein, die dort definitiv nicht zu finden sind, und übersahen all die Anspielungen, die eigentlich erst den Reiz der Geschichte für Erwachsene ausmachen. Problematischerweise führte dieses Missverständnis dazu, dass einige dieser Erwachsenen (Journalisten, Politiker, Religionsvertreter) meinten, dass Kinder die Geschichte ebenso falsch verstehen würden, wie sie es selber taten. Dies war ein, allerdings wie wir vermuten, nicht der einzige Grund für den Indizierungsantrag.

Um derartige Projektionen und Fehldeutungen auszuschließen, werden wir nachfolgend Text und Bild des kleinen Ferkels Seite für Seite kommentieren. Dabei wird sich zeigen, dass dieses „Buch für alle, die sich nichts vormachen lassen“ längst nicht so banal ist, wie manche meinten, und dass es auch nicht im Entferntesten jene Merkmale aufweist, die im Indizierungsantrag des Bundesfamilienministeriums angedeutet wurden.

Titelbild

Auf dem Cover des Buchs sind die beiden sympathischen Helden der Geschichte, das kleine Ferkel und der kleine Igel, zu sehen. Sie sitzen auf einer Bank auf einer grünen Wiese und schauen in die Luft. Der Titel *„Wo bitte geht's zu Gott?“* verleitet zu der Assoziation, die beiden würden auf diese Weise nach „Gott“ Ausschau halten. In Wahrheit aber – dieses Geheimnis lüftet sich erst später auf der vorletzten Bild-Doppelseite – betrachten sie Papierflieger, die sie in die Luft haben steigen lassen.

Ferkel und Igel stehen im Buch für intelligente, wissbegierige Kinder, die zwar vieles noch nicht gehört und gesehen haben, die aber dennoch kritisch sind und sich so schnell „nichts vormachen lassen“ (siehe auch den Untertitel des Buchs). Sie folgen gewissermaßen Kants Imperativ der Aufklärung „Habe Mut, dich deines eigenen Verstandes zu bedienen“[1], wobei sie in vorbildlicher Weise nicht davor zurückschrecken, selbst die vermeintlich „heiligsten Wahrheiten“ in Frage zu stellen.

Zum Titel des Buchs: Warum haben wir uns ausgerechnet ein Ferkel als Protagonisten einer religionskritischen Fabel ausgesucht? Die einfachste Erklärung dafür lautet: Weil der Titel *Wo bitte geht's zu Gott? fragte das kleine Ferkel* komischer ist als etwa der Alternativtitel *Wo bitte geht's zu Gott? fragte das kleine Eichhörnchen.* Warum das so ist, kann man relativ leicht erklären: Der englische Philosoph Herbert

1 Kant, Immanuel: Beantwortung der Frage: Was ist Aufklärung?“ In: Kant, Immanuel: Werke in zehn Bänden. Darmstadt 1983, Bd. 9, S. 53

Spencer fasste das Wesen des Komischen einmal treffend mit dem Begriff „descending incongruity", der „absteigenden Inkongruenz". Komisch ist es nach Spencer, wenn zwei inkongruente Informationen aufeinander treffen und die eine die andere absichtsvoll herunterzieht.[2] Je krasser dabei die Differenz zwischen gewolltem Schein und realem Sein ausfällt, desto größer ist der komische Effekt – und ein reales kleines Ferkel steht nun einmal im größtmöglichen Gegensatz zu der vermeintlich so hehren Gottesfrage.

Dies wiederum ist nicht zuletzt darauf zurückzuführen, dass die abrahamitischen Religionen seit jeher Schweine als besonders „unreine Tiere" ablehnen.[3] Im Falle des Christentums ist dies sicher nicht so deutlich wie bei Judentum und Islam, die sich durch eine besonders hartnäckige Form der „Schweine-Phobie" auszeichnen. Das „Schwein" ist allerdings auch im christlichen Verständnis Inbegriff des „Unreinen", des „Unsittlichen". Man denke nur an den „Schweinskram" der Sexualität oder an die einst bei Christen so beliebte, herabwürdigende, antisemitische Darstellung der sog. „Judensau" (die übrigens selbst heute noch in vielen deutschen Kirchen zu finden ist, u. a. im Kölner Dom!).

Dass das Ferkelbuch mit dieser merkwürdigen religiösen „Schweinephobie" spielt, ist evident. Wer dies aber für eine „plumpe Provokation" hält, der sollte sich überlegen, ob es nicht vielmehr plump, oder besser: hochgradig infantil und wahnhaft wäre, wenn sich Gläubige tatsächlich durch eine niedliche Darstellung eines Mitglieds der (im Übrigen ungewöhnlich intelligenten) Säugetierfamilie *Suidae* provoziert fühlen würden. Wer sich schon durch den Anblick eines kleinen Schweinchens in seinen „religiösen Gefühlen verletzt"

2 vgl. hierzu: Zander, Hans Conrad: Darf man über Religion lachen? Köln 2005, S. 59 ff.

3 Zum Thema siehe auch das Kapitel „Ein kurzer Abstecher zum Schwein, Oder: Warum der Schöpfer Schinken nicht ausstehen kann". In: Hitchens, Christopher: Der Herr ist kein Hirte. München 2007, S. 53 ff.

fühlt, vertritt sicherlich keinen besonders aufgeklärten, gesellschaftlich förderungswürdigen Gottesglauben.

1. Doppelseite: Titel, Ferkel und Igel im Irrgarten

Ferkel und Igel befinden sich im Irrgarten auf der Suche nach Gott. Beide zeigen in unterschiedliche Richtungen. Der Weg zu Gott ist offensichtlich nicht leicht zu finden. Das Bild des Irrgartens taucht später auf der fünften Doppelseite wieder auf. In der Beschreibung dieses fünften Bildes werden wir das Symbol des Irrgartens weiter erläutern.

Auffällig ist auf der ersten Doppelseite sicherlich der Schmetterling, der Igel und Ferkel auf jeder Seite des Buchs begleitet. Er ist ein Symbol für die Lebendigkeit, die Ferkel und Igel umgibt, aber auch für die säkulare „Leichtigkeit des Seins“[4]. Erwachsene mögen im Schmetterling zudem einen Hinweis auf den sog. „Schmetterlingseffekt“ erkennen.

4 Schmidt-Salomon, Michael: Manifest des evolutionären Humanismus. Aschaffenburg 2006, S. 152

Kleinste Ursachen können unter bestimmten Bedingungen bekanntlich zu gewaltigen Veränderungen führen – nicht nur in der Natur, sondern auch in menschlichen Gesellschaften. Auch die Religionen sind längst nicht so stabil, wie sie mitunter erscheinen mögen …

2. Doppelseite: Ferkel und Igel im Bad

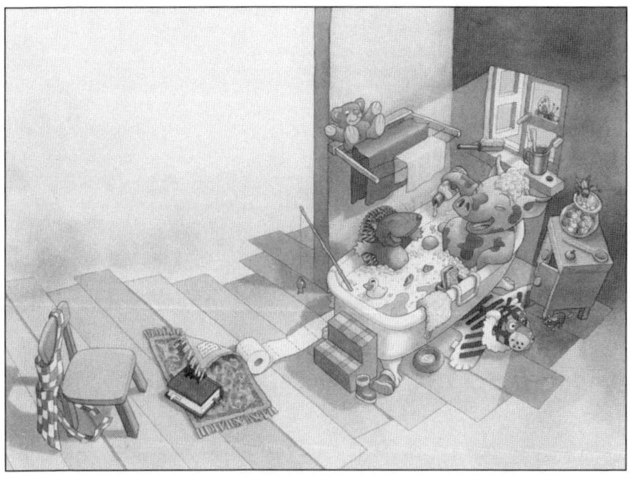

Ferkel und Igel sitzen im Bad und haben offensichtlich einen „Heidenspaß“. Sie meinen, dass ihnen nichts im Leben fehlt. Das kleine Ferkel plagt jedoch ein Hungergefühl. So beschließen die beiden, hinauszugehen und Äpfel zu pflücken (was indirekt natürlich auch eine Anspielung auf die „Suche nach Erkenntnis“ ist, auch wenn „Evas Apfel“ in Wahrheit gar kein Apfel war[5]).

Für Kinder ist das Bild vor allem deshalb witzig, weil Schweine normalerweise nicht mit „Sauberkeit“ assoziiert

5 vgl. Frerk, Carsten / Schmidt-Salomon, Michael: Die Kirche im Kopf. Aschaffenburg 2007, S. 16 f.

werden. Außerdem erfreuen sich Kinder an der ausgelassenen Freude der beiden Helden der Geschichte. Man kann Ferkel und Igel am Gesicht ablesen, welch großen Spaß sie haben.

Erwachsene hingegen werden vielleicht stärker das Buch, den Teppich und die (Klopapier)-Rolle auf dem Boden wahrnehmen. Sind dies etwa die Insignien der drei abrahamitischen Religionen? Wird die Thora hier vielleicht als Klopapierrolle dargestellt? Nein! Die kleine Trilogie der herumliegenden Gegenstände bedeutet nichts weiter als dies: ein Buch ist ein Buch, ein Teppich ist ein Teppich und Papier ist Papier. Und dies gilt für alle Bücher, Teppiche und alles Papier dieser Welt. Alles Menschenwerk. Wer in diesen Dingen unbedingt Höheres, Heiligeres oder auch Profaneres sehen möchte, der kann dies gerne tun. Nur sollte er sich darüber im Klaren sein, dass es sich dabei um seine spezifische Interpretation der Dinge handelt, nicht um die Natur der Dinge selber.

Mit diesem versteckten bildlichen Hinweis thematisierten wir also das Problem des Auseinanderklaffens von Interpretation und Wirklichkeit. Schon im Vorfeld gingen wir davon aus, dass die Rezeption des Ferkelbuches verzerrt sein würde und einige Interpreten in ihm Dinge sehen würden, die dort schlichtweg nicht vorhanden sind. Die Debatte um das kleine Ferkel hat gezeigt, dass diese Einschätzung realistisch war.

3. Doppelseite: Ferkel und Igel entdecken das Plakat

Draußen, angeklebt an ihr Häuschen, entdecken Ferkel und Igel ein Plakat, auf dem geschrieben steht: „Wer Gott nicht kennt, dem fehlt etwas!“ Darüber erschrecken die beiden sehr, da sie ja gar nicht wussten, dass ihnen etwas fehlt, und so machen sie sich auf den Weg, um Gott zu suchen.

Konfessionslose Kinder (und auch Erwachsene) kennen diese Situation zu Genüge. Die rhetorische Figur, ohne Gott,

ohne Religion, fehle dem Menschen Wesentliches, wird von Religionsführern, Politikern, Journalisten etc. häufig bemüht (nicht nur vom Kölner Kardinal Meisner, der u. a. verlautbaren ließ, ohne Religion gäbe es gar keine Kultur).

In diesem Zusammenhang ist u. a. zu beachten, dass konfessionslose Schülerinnen und Schüler – gewissermaßen als Kompensation eines Mangels! – in fast allen Bundesländern anstelle des konfessionellen Religionsunterrichts das Ersatzfach „Ethik“ besuchen müssen. Durch diese Konstruktion wird der Eindruck erweckt, dass die Religionen von sich aus ausreichendes, ethisches Rüstzeug vermitteln würden, während Konfessionslose auf ethischem Gebiet noch etwas dazulernen müssen. Dies ist vor dem Hintergrund der geschichtlichen Realitäten jedoch absurd, da die fundamentalen Rechte, die wir heute in modernen Gesellschaften genießen dürfen, nicht den Religionen entstammten, sondern vielmehr in einem Jahrhunderte währenden Emanzipationskampf gegen die Machtansprüche dieser Religionen erkämpft werden mussten.[6] Die Menschenrechte, die Prinzipien der Demokratie etc. wurden maßgeblich von religionskritischen Menschen entwickelt. Religiöse Führer wie der im „Heiligen Jahr 2000" selig gesprochene Papst Pius IX. verdammten hingegen diese kulturellen Errungenschaften als „Irrtümer der Moderne". Folgerichtig standen die Werke etwa von Montesquieu (entwickelte das Prinzip der staatlichen Gewaltenteilung) oder Jean-Jacques Rousseau (entwickelte die Idee des Gesellschaftsvertrags und der Volkssouveränität) auf dem *Index Librorum Prohibitorum*, dem Verzeichnis der für jeden Katholiken strengstens verbotenen Bücher.

4. Doppelseite: Ferkel und Igel fragen andere Tiere nach Gott

Auf ihrer Wanderung treffen Ferkel und Igel viele Tiere und fragen sie nach dem Weg zu Gott. Doch keines dieser Tiere hat jemals von „Gott" gehört. Nur der schlaue Fuchs weiß zu berichten, dass sich die Menschen auf dem „Tempelberg" ständig streiten, da sie sich uneinig sind, in welchem der Häuser, die für den „Herrn Gott" gebaut wurden, dieser tatsächlich wohnt.

Kinder erfahren auf dieser Doppelseite, dass das Konzept „Gott" nur beim Menschen anzutreffen ist und dass unter den Religionen ein Streit darüber existiert, welche „Gott" am nächsten ist. Das bunte Durcheinander auf dem Bild (die Tiere, die Werbeplakate) macht den Kindern Spaß. Sie müssen nicht unbedingt verstehen, warum das Schild mit dem Fisch (Symbol des Christentums) in Richtung des Berges zeigt, während die Hinweisschilder Dinosaurier (Evolution) und Sterne (Kosmologie) in die entgegengesetzte Richtung weisen. Erwachsene sollten dies aber ebenso zu deuten wissen, wie sie begreifen sollten, auf welche realen (religions-)

---

6 vgl. Schmidt-Salomon, Manifest des evolutionären Humanismus, S. 69 ff.

politischen Konflikte die Bezeichnung „Tempelberg" anspielt.

5. Doppelseite: Ferkel und Igel auf dem Tempelberg

Auf dem „Tempelberg" entdecken Ferkel und Igel drei riesige Gotteshäuser, die dicht nebeneinander stehen. Sie selbst befinden sich in einem Irrgarten, der sich in der Mitte des Bildes befindet. Die Größe der religiösen Bauten jagt den Helden der Geschichte Angst ein, die sie aber mutig überwinden, da sie ja herausfinden wollen, was ihnen fehlt.

Den sinnlichen Eindruck dieses Bildes können Kinder sehr gut nachvollziehen. Religiöse Prachtbauten sind ja darauf angelegt, dass sie durch eine geschickte „Architektur der Macht" selbst Erwachsene „verzwergen", infantilisieren. In Anbetracht der überdimensionierten Fenster und Türen dieser Bauten werden wir in die Perspektive von Fünfjährigen versetzt. Sinn dieser architektonischen Machtdemonstration: Der Mensch soll erkennen, wie klein und unbedeutend er im Vergleich zu „Gottes Herrlichkeit und Größe" ist, eine „Grö-

ße“, welche natürlich auf die sich auf diesen „Gott“ beziehenden Religionen abfärben soll.

Wie gesagt: Das Bild greift das Irrgartenmotiv der ersten Doppelseite wieder auf. Im Kontext dieses Bildes symbolisiert der Irrgarten aber nicht nur allgemein, wie schwierig es ist, den Weg zu Gott zu finden, sondern vielmehr (auf der tieferen Verständnisebene) wie verwinkelt die Wege theologischer Exegese sind. Insbesondere im Falle des Christentums gibt es mittlerweile so viele, einander teils diametral widersprechende, theologische Zugänge, dass man über das Ganze – wie in einem geschickt angelegten Irrgarten – schon nach kurzer Zeit den Überblick verliert. Während manche Theologen noch wortwörtlich am Text der heiligen Schrift festhalten, nähern sich andere diesem Text nur noch auf psychoanalytisch-hermeneutische Weise und sprechen den biblischen Geschichten jegliche Historizität ab. Während die einen Hölle, Teufel, Auferstehung weiterhin als reale Entitäten begreifen (global die Mehrheit der Theologen!), sehen die anderen (vor allem in Westeuropa) darin nur noch Metaphern für innerpsychische oder zwischenmenschliche Konflikte. Echte religiöse Glaubensinhalte sind bei letzteren Theologen kaum noch zu finden, die ursprünglichen religiösen Lehrformeln avancieren bei ihnen zu bloßen Leerformeln. Übrigens wies schon Ludwig Feuerbach auf diese Tendenz zur Selbstsäkularisierung der Theologie hin, als er schrieb, dass das moderne Christentum mitunter „selbst (…) die totale Negation des Christentums für Christentum ausgibt“.[7]

Jenseits des Irrgartens der theologischen Exegese erstrahlen auf dem Bild, symbolisiert durch Synagoge bzw. israelitischen Tempel, Dom und Moschee, jedoch die Idealtypen der Religionen, gewissermaßen die ursprünglichen Reinformen von (religiösem) Judentum, Christentum und Islam – nicht ihre aufklärerisch gezähmten oder gar säkular-kulturellen Varianten. Wie bereits Max Weber aufzeigte,[8] können wir die diffuse, unübersichtliche Wirklichkeit (im Buch symbolisiert durch den Irrgarten) nur mittels idealtypischer Beschreibungen überhaupt noch auf den Begriff bringen. Zwar ist der Idealtypus „in seiner begrifflichen Reinheit“, wie Weber schreibt, in der Realität kaum empirisch vorfindbar, aber er ermöglicht uns durch die Konzentration auf das Wesentliche ein besseres Verständnis kultureller Phänomene.

Dieses Wesentliche der Religionen finden wir in ihren jeweiligen „heiligen Schriften“ (Thora im Fall des Judentums, Bibel im Fall des Christentums, Koran und Hadithe im Fall des Islam). Bezogen auf das katholische Christentum, auf das sich das Buch in der Darstellung des Christentums konzentriert (der Protestantismus ist ein Irrgarten für sich!), muss zusätzlich noch der *Katechismus der Katholischen Kirche* herangezogen werden, der die für alle Katholiken verbindlichen Glaubenssätze enthält.

---

7 Feuerbach, Ludwig: Das Wesen des Christentums. Stuttgart 1969, S. 510

8 Weber, Max: Die „Objektivität“ sozialwissenschaftlicher Erkenntnis. In: Weber, Max: Soziologie. Weltgeschichtliche Analysen. Politik. Stuttgart 1964, S. 235

Dass die drei Gotteshäuser auf dem Bild so nahe nebeneinander stehen, verweist nicht nur auf ihre tatsächliche räumliche Nähe in Jerusalem („Tempelberg"), sondern (wiederum auf tieferer Verständnisebene) auf die vielen Gemeinsamkeiten der jeweiligen Glaubenssysteme. Mit gutem Grund sind einst Christentum und Islam als „jüdische Sekten" (wertfrei als religiöse Abspaltungen vom Judentum) bezeichnet worden. In manchen Aspekten sind die Gemeinsamkeiten von Judentum und Islam größer (strikter Monotheismus im Gegensatz zur christlichen Dreifaltigkeitslehre; starke Reglementierung des Alltagslebens, worauf das Christentum, das ursprünglich vom baldigen Weltuntergang ausging, verzichtete; Betonung des Tieropfers im Sinne der Geschichte von Abraham und Isaak, im Christentum ersetzt durch die Opferung Jesu als „Lamm Gottes"). In anderen Punkten treten die Gemeinsamkeiten von Christentum und Islam stärker zum Vorschein (beides sind im Unterschied zum heutigen Judentum missionarische Religionen und haben sich im Unterschied zum Judentum auch als Weltreligionen global ausgebreitet; die Kriminalgeschichten von Christentum und Islam sind weitgehend „Tätergeschichten", die Geschichte des Judentums hingegen vorwiegend eine „Opfergeschichte").[9]

6. Doppelseite: Ferkel und Igel treffen den Rabbi

Ferkel und Igel treffen einen Vertreter des orthodoxen Judentums, der sie darüber aufklärt, dass Gott in seiner Synagoge bzw. dem „Tempel" (damit ist keine gewöhnliche Synagoge gemeint, sondern tatsächlich der „israelitische Tempel", das „Allerheiligste des Judentums"![10]) wohnt. Hineingelassen

9 vgl. u. a. Czermak, Gerhard: Christen gegen Juden: Geschichte einer Verfolgung. Reinbek 1997

10 siehe hierzu: Hamblin, William / Seely, David R.: Salomos Tempel. Mythos und Geschichte des Tempelberges in Jerusalem. Stuttgart 2007

werden die beiden nicht, da Ferkel und Igel selbstverständlich keine Juden sind und insbesondere Ferkel kategorisch ausgeschlossen werden (siehe obige Anmerkung zum Titel), was die kleinen Helden der Geschichte „nicht nett" finden, worauf der Rabbi antwortet, dass der Allmächtige a) auch gar nicht nett sei, sondern allmächtig und allwissend, und dass er b) ganz schön zornig werden könne, wenn man seine Gebote nicht einhalte.

Warum nun lässt der Rabbi Ferkel und Igel nicht in den Tempel hinein, während Bischof und Mufti die beiden später im Buch mit offenen Armen empfangen? Ganz einfach, weil Christentum und Islam im Unterschied zum Judentum *missionarische Religionen* sind. Sie sind darauf ausgerichtet, ihre Anhängerschaft stetig zu vergrößern – ein Aspekt, der dem heutigen Judentum fern ist. Deshalb treten der Bischof und der Mufti am Anfang auch so sympathisch-werbend auf. Umso enttäuschter sind sie natürlich, als sie feststellen müssen, dass Ferkel und Igel ihnen nicht auf den Leim gehen ...

Kinder interessieren sich für solche theologischen Unterschiede weniger. Sie lachen vor allem über die Antwort des kleinen Ferkels auf die Frage des Rabbis, ob seine Mutter jüdisch ist (dies ist bekanntlich das Kriterium dafür, ob man als Jude geboren ist oder eben nicht – übrigens eine rein ethnische Kategorisierung, keine religiöse, ein Großteil der Juden weltweit ist auch nicht im religiösen Sinne „jüdisch“, man darf diese beiden Ebenen nicht unzulässig miteinander vermischen!). Während der kleine Igel sagt: „Meine Mutter ist Igelin!“, sagt das kleine Ferkel wahrheitsgemäß: „Und meine eine Sau!“ Das ist für Kinder eine sehr komische Stelle, denn dass man seine eigene Mutter als „Sau“ bezeichnen kann, ohne sie damit zu beleidigen, ist eine durchaus ungewöhnliche Situation.

Natürlich ist es dem Charakter der Fabel geschuldet, dass der Rabbi überhaupt nach den Müttern von Ferkel und Igel fragt. Wie die anderen Vertreter der Religionen auch, sieht er in beiden zunächst keine Tiere, sondern naive Kinder (was, nebenbei gesagt, auch verständlich ist, denn so oft wird man ja nicht mit sprechenden Ferkeln und Igeln konfrontiert!). Nur durch die Nachfragen des Rabbis wird an dieser Stelle die Doppelnatur von Ferkel und Igel (Tiere + Stellvertreter menschlicher Kinder) deutlich. Dass Tiere normalerweise weder in Synagogen, Kirchen noch in Moscheen Zutritt haben (normalerweise ja auch nicht zu säkularen, akademischen Vorträgen), ist den meisten Kindern bekannt.

Auf die Darstellung des Rabbis, bei der wir peinlich genau darauf achteten, dass keines der Stereotype aus der Nazizeit bedient wird, werden wir an anderer Stelle (Kapitel 2) ausführlich eingehen.

7. Doppelseite: Der Rabbi erzählt die Geschichte von der Sintflut

Um Gottes Allmacht und auch seinen Zorn zu demonstrieren, erzählt der Rabbi die Geschichte von der Sintflut, die Ferkel und Igel mit einigem Entsetzen aufnehmen. So viele ertrunkene Babys, Omas, Ferkel und Igel können sie sich

gar nicht vorstellen. Das kleine Ferkel findet den ganzen Vorgang „ja so was von gemein“ und nimmt sich vor, „dem Herrn Gott ganz dolle auf den Fuß zu treten, wenn es ihn mal treffen würde“.

Kinder lachen vor allem über diese letzte Sequenz, denn die Vorstellung, dass ein kleines Ferkel dem Allmächtigen „dolle“ auf den Fuß treten könnte, ist wahrhaft komisch im Sinne von Spencers Theorie der „absteigenden Inkongruenz“.

Mit diesem Humor wird schon ein Teil des Schreckens aufgehoben, der für Kinder mit der biblischen Sintflut-Erzählung unweigerlich verbunden ist. Die Argumentation des ministerialen Indizierungsantrags ist an dieser Stelle besonders grotesk. Denn selbstverständlich sagt diese Stelle im Buch nicht aus, „dass die jüdische Glaubensgemeinschaft andere Religionsgemeinschaften vernichten will“! Wie könnte dies auch sein? Es ist doch nicht das Judentum, sondern der Gott der Thora, der Bibel *und* des Korans (!), der im Zuge der Sintflut angeblich alles Leben auf der Erde (abgesehen von den wenigen Überlebenden auf der Arche Noah) vernichten will!

Viele „christliche“, aber auch „konfessionslose“, deutsche Kinder werden mit dieser fürchterlichen Geschichte schon im Kindergarten konfrontiert! Und selbstverständlich kommt keine Kinderbibel ohne diese Erzählung aus! Sie ist für christliche Illustratoren und Verlage sogar so attraktiv, dass sie am weitaus häufigsten auf den Titelbildern der Kinderbibeln abgebildet wird (siehe etwa *Die große Kinderbibel* aus dem Brunnen-Verlag, *Die große Ravensburger Kinderbibel* aus dem Ravensburger Buchverlag, *Meine erste Kinderbibel* aus dem Parragon-Verlag oder *Meine Bibel* aus dem Pattloch-Verlag).

Die Grausamkeit dieses weltweiten Genozids an Menschen und Tieren wird in den meisten Kinderbibeln auch keineswegs verharmlost. So lesen wir in der beliebten *Großen Kinderbibel* aus dem Brunnen-Verlag: „Dass es mit seiner Schöpfung so weit gekommen war, tat Gott weh, und er beschloss: ‘Ich werde die Menschen vernichten und so ihre Bösartigkeit für immer ausrotten.’ (…) Vierzig Tage und vierzig Nächte regnete es. (…) Die Wellen türmten sich so hoch auf, dass selbst Berge darunter verschwanden. Bei einem solchen Unwetter konnten kein Mensch, kein Tier und keine Pflanze mehr am Leben bleiben.“[11] In der ebenfalls beliebten *Neukirchener Kinder-Bibel* (Gesamtauflage ca. 600.000 Exemplare) heißt es: „Da tat es Gott leid, dass er die Menschen gemacht hatte. Und er sprach zu sich: ‘Ich will die Menschen mitsamt der Erde verderben. Denn sie sind alle von Grund auf verdorben.’ (…) Der Himmel wurde ganz schwarz. Ein furchtbarer Regen brach los. Es schüttete. Es goss in Strömen. Die Flüsse traten über die Ufer. Sie über-

11 Watts, Murray / Cann, Helen: Die große Kinderbibel. Gießen 2007, S. 22 ff.

schwemmten das Land. Menschen und Tiere ertranken. Bald stand alles Land unter Wasser.“[12]

Es erscheint uns als skandalös, dass derartig traumatisierende Bilder als pädagogisch wertvoll erachtet werden, während unsere humorvolle Aufhebung des biblischen Bedrohungsszenarios vom Ministerium als „jugendgefährdend“ eingestuft wird. Verkehrte Welt! Kinder sollten doch lernen, dass ein Genozid niemals eine gerechtfertigte Aktion sein kann – selbst wenn dieser Massenmord angeblich von der obersten moralischen Autorität (Gott) befohlen oder gar durchgeführt wird!

Die Empörung von Ferkel und Igel gegen die geschilderte Strafaktion Gottes ist für ideologisch unverbogene Kinder intuitiv sofort einleuchtend. Übrigens geht diese spezielle Episode im Ferkelbuch tatsächlich auf die realen Grübeleien eines fünfjährigen Jungen zurück, der sich, nachdem man ihm in einem konfessionellen Kindergarten von der Sintflut erzählt hatte, nicht damit abfinden konnte, „dass all die süßen Meerschweinchen sterben mussten, nur weil ein paar Menschen böse Sachen machten“.

8. Doppelseite: Der Rabbi erklärt, dass man keine anderen Götter anbeten darf

Auf die Frage, was die Menschen denn so Schlimmes getan haben, antwortet der Rabbi, dass sie andere Götter angebetet hätten, was den Igel zu der Frage motiviert, ob es denn noch andere Götter gebe. Der Rabbi erklärt, dass diese anderen Götter bloße Einbildungen seien („wie blau-grün gestreifte Gespenster“), worauf das Ferkel wissen will, wie man dann wissen könne, ob der Gott des Rabbis nicht auch bloß Einbildung sei. Der Rabbi ist über diese Frage erzürnt, Ferkel und Igel suchen das Weite.

---

12 Weth, Irmgard / de Kort, Kees: Neukirchener Kinder-Bibel. Neukirchen 2004, S. 20 f.

Kinder achten bei diesem Bild, wie wir feststellen konnten, weniger auf den zornigen Rabbi als auf das blaugrüne Gespenst, das dem Rabbi lustig winkend auf dem Hut sitzt. Die größte Aufmerksamkeit ziehen allerdings die bunten Gottesbilder auf sich, die Produkte der Vorstellungskraft von Ferkel und Igel sind.

Erwachsene können in diesen ferkel-igeligen Gottesprojektionen eine Illustration der Feuerbachschen These sehen, dass wir Gott (bzw. die Götter) nach unserem Ebenbild erschaffen haben. Gleichzeitig spielt das Bild auch auf die Religionen jenseits des jüdisch-christlich-muslimischen Monotheismus an. So erinnert die blaue Ferkelprojektion an den lächelnden Buddha, die rote Igelprojektion an die Darstellung hinduistischer Gottheiten.

Aus theologischer Perspektive geht es in der Szene um den alleinigen Machtanspruch des jüdisch-christlich-muslimischen Gottes, wie er etwa im ersten der Zehn Gebote markant zum Ausdruck kommt: „Du sollst neben mir keine anderen Götter haben […] Denn ich, der Herr, dein Gott, bin ein eifersüchtiger Gott: Bei denen, die mir feind sind, verfolge ich die Schuld der Väter an den Söhnen, an der dritten und vierten Generation“ (Exodus 20,3ff. nach der sog. Einheitsübersetzung). Schon dieses erste der Zehn Gebote stellt einen fundamentalen Verstoß gegen die Grundprinzipien jedes modernen Rechtsstaats dar, denn es enthält die ausdrückliche Aufforderung zu Religionszwang und Sippenhaft. So muss man sich denn auch nicht wundern, dass in der Bibel nur wenige Verse nach dem 5. Gebot „Du sollst nicht morden“? (Exodus 20,13) deutlich gemacht wird, dass die Tötung Andersgläubiger sehr wohl mit Gottes Geboten in Einklang zu bringen ist: „Eine Hexe sollst du nicht am Leben lassen (…) Wer einer Gottheit außer Jahwe Schlachtopfer darbringt, an dem soll die Vernichtungsweihe vollstreckt werden.“ (Exodus, 22,17 ff.)

Im Ferkelbuch werden diese – aus heutiger Perspektive – unethischen, traumatisierenden Konzepte humorvoll aufgelöst. Der Igel glaubt „nicht an einen Gott, der kleine Meerschweinchen ertränkt, nur weil manche Leute Gespenster (= fremde Götter) sehen!“ Wer Kinder liebt, sollte eine solche Position als förderungswürdig und nicht als „jugendgefährdend“ begreifen.

9. Doppelseite: Ferkel und Igel treffen den Bischof

Auf die Frage nach dem Weg zu Gott erklärt der (katholische) Bischof, dass Gott in der Kirche anwesend sei, wenn sich die Menschen in seinem Namen versammelten. Er lässt sie in die Kirche hinein.

Der Bischof wirkt sehr freundlich und auch seine ausladende Körperfülle macht ihn nicht unsympathisch (ebenso wenig wie den lächelnden Ferkelbuddha auf der vorangegangenen Seite). Für die in der Presse verbreitete Behauptung, der Bischof sei „ein aufgedunsener bleicher Sack, bei dessen Anblick man an Kinderpornos aus dem Kloster von Sankt Pölten denkt“, gibt es keinerlei Anhaltspunkte im Buch. Es handelt sich hier um eine reine Projektion der jeweiligen

Interpreten. Nirgends wird auch nur im Entferntesten angedeutet, dass der Bischof pädophile Neigungen habe. Gewiss: Er ist der Vertreter einer besonders wohlgenährten Religion (staatliche Privilegien, daher auch der dicke Bauch), er vertritt auch einige seltsame Ansichten (die freilich allesamt durch den Katechismus der katholischen Kirche belegt sind!), aber er macht keinerlei Anstalten zu sexuellen Übergriffen! Hätten wir diese Karte ausspielen wollen, so wäre dies in der Tat ein billiger, geschmackloser Angriff auf das Christentum gewesen. Die Tatsache, dass in der Personengruppe der Kleriker Fälle von sexuellem Missbrauch gehäuft aufgetreten sind, ist keineswegs direkt auf christliche Glaubensüberzeugungen zurückzuführen, sondern auf die besondere soziale Situation, in der sich die katholischen Kleriker befinden (die Verpflichtung zum Zölibat ist hier nur ein Teil des Problems). Wir haben sehr bewusst darauf verzichtet, dieses Thema im Buch zu behandeln.

10. Doppelseite: Bischof, Ferkel, Igel und das Kruzifix

Gefragt danach, wo der Herr Gott denn nun sei, zeigt der Bischof auf das Kruzifix. Ferkel und Igel erschrecken beim Anblick des Gekreuzigten. Der Bischof erklärt, dass Jesus für unsere Sünden gestorben sei, was Ferkel und Igel nicht verstehen, da sie doch immer „ganz brav" gewesen seien. Die Vorstellung, dass uns „Jesu Blut" von der Sünde rein wusch, stößt bei Ferkel und Igel auf Verwunderung und Ablehnung.

Die Aussagen des Bischofs sind durch das neue Testament und den Katechismus belegt. Jesus gilt als das „Lamm Gottes", das durch seinen Opfertod „die Sünden der Welt hinweg nimmt" (Joh 1,29). Sein Blut ist „das Blut des Bundes, das für viele vergossen wird zur Vergebung der Sünden" (Mt 26,29).[13]

Schon kleinsten Kindern wird die Vorstellung vermittelt, dass Gott seinen „eingeborenen Sohn" opferte, ja: dass wir erst durch das Leiden und den Tod Jesu am Kreuz erlöst wurden. Sogar in der abwaschbaren *Baby-Bibel* (Pattloch Verlag) für Kleinkinder kommt dies zum Ausdruck: „Jesus starb für dich und mich am Kreuz."[14]

Der blutüberströmte gekreuzigte Heiland ist für viele Kinder, insbesondere in Süddeutschland, ein gewohntes Bild. Der Pädagoge Konrad Riggenmann hat in diesem Zusammenhang zu Recht von der „erfolgreichsten Gewaltdarstellung der Weltgeschichte" gesprochen. Gesunde, mitfühlende Kinder reagieren hierauf wie der kleine Igel im Buch, der angesichts des Gekreuzigten fragt, ob das denn nicht furchtbar wehtut. (Riggenmann berichtet von eben einem solchen Fall in seinem Buch *Kruzifix und Holocaust*).[15]

---

13 siehe hierzu auch Kapitel 613 des Katechismus der katholischen Kirche, München 1993

14 Die Altersempfehlung des Pattloch Verlags für die Baby-Bibel lautet: „ab 12 Monate" (Maclean, Colin / Maclean, Moira: Die Baby-Bibel. München o.J.)

15 Riggenmann, Konrad: Kruzifix und Holocaust. Berlin 2002, S. 34 f.

Wir meinen: Kindern beizubringen, dass der grausame Opfertod Jesu angeblich vom Vatergott inszeniert wurde, um die Sünden der Menschen (auch die vermeintlichen Sünden der Kinder) zu sühnen, ist weit eher geeignet, „Kinder und Jugendliche sozial-ethisch zu desorientieren“ als unser kleiner, subversiver Versuch, derartig traumatisierende Vorstellungen zu entzaubern. Kinder, die über den Satz des Igels lachen können, dass man sich doch wohl eher mit Seife als mit Blut waschen sollte, können das Schreckbild der Kreuzigungsszene jedenfalls besser verarbeiten als jene, die dieser Szenerie schutzlos ausgeliefert sind.

11. Doppelseite: Das Ferkel, der Bischof und die Hostien

Immer noch hungrig, nascht das Ferkel Hostien, die es für profane Plätzchen hält. Der Bischof klärt ihn erzürnt darüber auf, dass es sich dabei um den „Leib des Herrn“ handelt, worauf dem Ferkel ganz schlecht wird. Das Ferkel nimmt den Igel zur Hand und mit den Worten „Wenn die schon den Sohn vom Herrn Gott verspeisen, wer weiß, was die kleinen

Igeln und Ferkeln antun …" verlassen die beiden schleunigst die Kirche.

Die Darstellung des Abendmahls als Form des rituellen Kannibalismus mag man als geschmacklos empfinden, doch diese Geschmacklosigkeit ist auf der Seite der christlichen Religion selbst zu finden! Im Kommunionsunterricht wird neunjährigen Mädchen und Jungen beigebracht, dass sie beim Fest ihrer „Erstkommunion" den „Leib des Herrn" essen werden. Wohlgemerkt: Dieses spezielle Abendmahl ist innerhalb der Katholischen Kirche keineswegs bloß symbolisch gemeint. Im aktuell gültigen Weltkatechismus der katholischen Kirche heißt es dazu: „Im heiligsten Sakrament der Eucharistie ist 'wahrhaft, wirklich und substanzhaft der Leib und das Blut zusammen mit der Seele und Gottheit unseres Herrn Jesus Christus und daher der ganze Christus enthalten'[16] (…) Durch die Konsekration des Brotes und Weines geschieht eine Verwandlung der ganzen Substanz des Brotes in die Substanz des Leibes Christi, unseres Herrn, und der ganzen Substanz des Weines in die Substanz seines Blutes. Diese Wandlung wurde von der heiligen katholischen Kirche treffend und im eigentlichen Sinne Wesensverwandlung [Transsubstantiation] genannt."[17]

Eine rein symbolische Deutung der Hostie wäre im katholischen Kontext sogar häretisch, wie das Konzil von Trient festgehalten hat: „Wer leugnet, dass im Sakrament der heiligen Eucharistie wahrhaft, wirklich und wesentlich der Leib und das Blut zugleich mit der Seele und mit der Gottheit unseres Herrn Jesus Christus und folglich der ganze Christus enthalten ist, und behauptet, er sei in ihm nur wie im Zeichen, im Bild oder in der Wirksamkeit, der sei ausgeschlossen."[18]

---

16 Katechismus der Katholischen Kirche, Kapitel 1374

17 ebenda, Kapitel 1376

18 zitiert nach Neuner, Josef / Roos, Heinrich / Rahner, Karl et al (Hrsg.): Der Glaube der Kirche in den Urkunden der Lehrverkündigung, Regensburg 1992, Quelle 577. Zum hier ange-

Davon ausgehend hat schon Sigmund Freud die Kommunion völlig korrekt als eine Form des rituellen Kannibalismus beschrieben.[19] Wie viele andere archaische Kulte beruht auch das christliche Abendmahl auf der animistischen Vorstellung, man könne durch das Verspeisen eines Verstorbenen dessen Kräfte in sich aufnehmen.

Auch an diesem Punkt stellt sich die Frage: Was ist wohl eher geeignet, „Kinder sozial-ethisch zu desorientieren"? Der normale Kommunionsunterricht, der Kinder darauf vorbereitet, den „Leib des Erlösers" zu verspeisen oder ein Büchlein, das derartige Glaubensvorstellungen korrekt wie-

---

sprochenen Themenkomplex siehe auch die Anmerkungen eines anonym gebliebenen „Insiders" der Katholischen Kirche: Logisch, Theo: Das ist euer Glaube! Neustadt 1998, S. 231 ff.

19 siehe Freud, Sigmund: Der Mann Moses und die monotheistische Religion. Schriften über die Religion. Frankfurt 1975. Vierhundert Jahre zuvor hatte bereits der Züricher Reformator Zwingli Katholiken und Lutheraner der „Menschenfresserei" bezichtigt. Dieser Dissens in der Abendmahlfrage führte bekanntlich zur Spaltung des Protestantismus in lutheranische und reformierte Kirchen.

dergibt, sie jedoch als Hokuspokus, faulen Zauber, entlarvt? (Übrigens steht das Wort „Hokuspokus" sehr wahrscheinlich in direktem Zusammenhang mit dem Konzept der „Transsubstantiation", da es wohl von dem lateinischen Spruch abgewandelt ist, den katholische Priester bei der vorgeblichen Verwandlung der Teigoblate in Jesu Leib sprechen[20]: „Hoc est corpus meum [Dies ist mein Leib]". Offenbar gab es schon in früheren Zeiten Menschen, die sich nichts vormachen ließen. Dennoch war die sog. „Hostienschändung" einer der schlimmsten Vorwürfe, die Christen gegenüber Juden erhoben, ein Anlass für zahlreiche Pogrome. Noch heute sind die unterschiedlichen Vorstellungen bzgl. der Zubereitung des „Leib des Herrn" der Grund dafür, warum katholische Priester nach kanonischem Recht abgestraft werden, sofern sie gemeinsam mit Protestanten das Abendmahl feiern. Wer weiß, wie viel reales Leid unter Menschen gerade durch die obskuren Vorstellungen zur Eucharistie ausgelöst wurde, wird die humorvolle Entzauberung dieses archaischen Rituals als notwendigen Beitrag zur Aufklärung einzuschätzen wissen.)

Kinder jedenfalls lachen über den angeekelten Gesichtsausdruck des Ferkels, das eine angebissene Hostie in der Hand hält, und auch über den Igel, der sich angesichts des erzürnten Bischofs die Finger in die Ohren steckt. Und das ist auch gut so …

12. Doppelseite: Ferkel und Igel treffen den Mufti

Ferkel und Igel treffen den Mufti vor der Synagoge, der ihnen verrät, dass Gott eigentlich Allah heißt und dass man Allah in der Moschee begegnen kann. Der Mufti, der das Ferkel selbstverständlich ebenso wenig wie seine Vorgänger als Schweinchen erkennt, lädt die beiden freundlich in die Moschee ein.

---

20 vgl. Frerk/Schmidt-Salomon: Kirche im Kopf, S. 63

In manchen Presseberichten wurde bemängelt, dass der islamische Gelehrte ein Mufti ist und kein Imam. Die Bezeichnung „Mufti“ wurde jedoch aus zwei Gründen gewählt: Zunächst einmal ist dieser Begriff für Kinder einprägsamer und lustiger. Zum anderen sollte hier kein Vorbeter (Imam) sprechen, sondern ein islamischer Rechtsgelehrter (Mufti), der auf der Grundlage der Schari'a islamrechtliche Gutachten (Fatwas) erstellen kann. Dies erst verleiht der Szene auf der 14. Doppelseite ihre eigentliche Brisanz.

„Angst vor dem Fremden“ jagt diese Doppelseite gewiss nicht ein. Der Mufti ist sehr freundlich. Zudem wird die partielle Fremdheit seines Aussehens (Turban) auf Altbekanntes zurückgeführt („was den kleinen Igel ein wenig an seine Großmutter Elfriede erinnerte. Allerdings trug Oma Elfriede natürlich keinen Bart.“)

13. Doppelseite: Ferkel und Igel in der Moschee

Der Mufti belehrt Ferkel und Igel darüber, welche Pflichten ein Muslim befolgen muss, um Allah nahe zu sein. Dazu zählt als tägliche Pflicht das fünffache Gebet mit vorausgehender ritueller Reinigung. Das Ferkel wundert sich über den „Sauberkeitsfimmel" des „Herrn Gott". Einmal in der Woche mit dem Igel in die Wanne zu steigen, sei ja schön und gut, aber doch nicht gleich fünfunddreißig Mal!

Auch hier werden Glaubensaspekte korrekt wiedergegeben: Das fünfmalige Gebet mit vorausgehender Reinigung gehört zu den täglichen Pflichten gläubiger Muslime. Der Hinweis auf den „Sauberkeitsfimmel" trifft ein wesentliches Merkmal aller abrahamitischen Religionen: „Reinheit" ist sowohl für Judentum, Christentum als auch für den Islam ein zentrales Konzept, hinter dem eine große Furcht vor „seelischer Verschmutzung" steht. „Unreines" darf nicht berührt, nicht gedacht werden. Die psychodynamischen Konsequenzen dieses besonderen „Reinheitsgebots", ihre Bedeutung für die Entstehung religiös bedingter Neurotisierung, sind von psychologischer/psychiatrischer Seite bereits beschrieben worden.[21] Kinder amüsieren sich über die lebensweltlichen Folgen eines solchen religiös induzierten „Waschzwangs" („einhundertfünfzig Mal waschen im Monat!"), Erwachsene sollten dabei jedoch vor allem die psychischen Konsequenzen vor Augen haben.

Dass „Islam" wörtlich „Unterwerfung unter Allah" bedeutet, wird in diesem Bild plastisch illustriert. Wie total dieser Unterwerfungsanspruch ist, zeigt sich an einem kleinen Detail: Der Schmetterling, der Ferkel und Igel begleitet, verliert (nur) in diesem Bild seine Farbenpracht und passt sich der Umgebung an.

14. Doppelseite: Die „religiösen Gefühle" des Muftis werden verletzt

Ferkel und Igel meinen, Wichtigeres zu tun zu haben, als fünfmal am Tag zu beten. Der Mufti droht daraufhin mit ewigem Höllenfeuer. Man müsse strikt den Geboten folgen, die Allah seinem Propheten Mohammed gegeben habe. Das Ferkel erwidert, dass man doch gar nicht wissen könne, ob Mohammed die Gebote nicht bloß erfunden habe, was die religiösen Gefühle des Muftis verletzt. Er beschimpft die „gottverdammten Ungläubigen". Ferkel und Igel fliehen.

Dies ist sicherlich das aggressivste und bedrohlichste Bild des gesamten Buchs. Es bringt die unbestreitbare Tatsache zum Ausdruck, dass der Islam momentan die aggressivste und bedrohlichste aller Religionen ist. Der Grund dafür ist offensichtlich: Im Unterschied zu Judentum und Christentum war der Islam leider nicht gezwungen, durch die „Dompteurschule der Aufklärung" zu gehen. Deshalb gibt es weltweit auch prozentual weniger aufgeklärte Muslime als aufgeklärte Juden oder Christen.

---

21 vgl. u.a. die Analysen des amerikanischen Psychiaters und Universitätsprofessors Wendell W. Watters: Tödliche Lehre. Neustadt 1995

Die Szene erinnert an Bilder, die wir zur Genüge aus den Medien kennen – und die auch aufgeweckte Kinder mitbekommen. Dass wahrhaft gläubige Muslime die humorvolle Infragestellung ihrer vorgeblichen Glaubensgewissheiten nur schlecht verarbeiten können und die Verletzung ihrer „religiösen Gefühle" sich mitunter in Gewaltorgien niederschlägt, hat nicht nur der sog. „Karikaturenstreit" hinreichend gezeigt. Eine besondere Berücksichtigung dieser offenbar enorm verletzungsanfälligen religiösen Gefühle, d.h. ein Zurückschalten der produktiven Streitkultur der Aufklärung (die sich ja gerade auch in einer Wertschätzung der „subversiven Kraft des Humors" niederschlägt), würde von Fundamentalisten als Bestätigung ihres Projekts der Gegenaufklärung empfunden werden. Hiervon kann man aus einer modernen, aufklärerischen Perspektive nur dringend abraten. Denn wer auf diesem Gebiet voreilig kapituliert, hat schon verloren.[22]

22 siehe hierzu u. a.: Broder; Henryk M.: Hurra, wir kapitulieren! München 2007

Auch auf dieser Doppelseite werden zentrale Glaubensinhalte korrekt wiedergegeben. Wer den Geboten Allahs nicht Folge leistet, landet laut Koran in der ewigen Hölle. Diese Höllenandrohung ist uns natürlich auch aus dem Christentum wohlbekannt. Allerdings wird die Hölle im Neuen Testament nicht weiter ausgeschmückt, sondern lediglich mit den Worten „Feuer“ und „Ofen“ umschrieben, wie etwa in der folgenden Stelle des Matthäusevangeliums (Mt 13,41-43): „Der Menschensohn wird seine Engel aussenden, und sie werden aus seinem Reich alle zusammenholen, die andere verführt und Gottes Gesetz übertreten haben, und werden sie in den Ofen werfen, in dem das Feuer brennt. Dort werden sie heulen und mit den Zähnen knirschen.“ Der Koran hingegen ist in der Beschreibung der Hölle ein gutes Stück detailreicher. Ihm zufolge wartet auf die Ungläubigen am „jüngsten Tag“ nicht bloß das „ewige Feuer“, sie werden in der Hölle mit „Eiterfluss“ und „Jauche“ getränkt (Suren 14,16; 78,25),[23] sie erhalten einen „Trunk aus siedendem Wasser“ (6,70), das ihnen die „Eingeweide zerreißt“ (47,15), werden mit „eisernen Keulen“ geschlagen (22,21), müssen Kleidungsstücke aus flüssigem Kupfer und Teer tragen (22,19 f.) und vieles mehr. Mit Barmherzigkeit oder Mitleid darf der ewig gemarterte Ungläubige weder von Seiten Allahs noch von dessen treuen Untergebenen rechnen. Im Gegenteil: Die Gläubigen, die diese unmenschlichen Strafaktionen dereinst sehen werden, werden sich – so die frohe Botschaft des Korans – freuen und die Ungläubigen verlachen (83,34 ff.).

Noch einmal: Wo liegen die jugendgefährdenden Inhalte? Auf der Seite der Kritiker, die solche Vorstellungen humorvoll entzaubern, oder auf Seiten derer, die Kinder mit solchen hassinduzierenden Vorstellungen füttern? Unsere klare Position: Wer darüber nachdenkt, das kleine Ferkel zu indizieren, der müsste zuvor erst einmal Bibel und Koran auf die Liste der jugendgefährdenden Medien stellen!

---

23 Koranzitate nach der Übersetzung von Rudi Paret, Kohlhammer Verlag, 7. Auflage, Köln 1996

15. Doppelseite: Rabbi, Bischof und Mufti im Streit miteinander

Ferkel und Igel geraten zwischen die Fronten der Religionen, haben sie doch innerhalb kürzester Zeit die religiösen Gefühle sowohl des orthodoxen Rabbis als auch der gläubigen Katholiken und Muslime verletzt. Der Bischof möchte ihnen die Dämonen austreiben, was der Rabbi mit der Bemerkung zurückweist, dies hätten Juden längst schon vor den Christen praktiziert, während der Mufti darauf besteht, dass Muslime am besten mit Ungläubigen zurecht kämen. Der Streit darüber, wessen Hölle heißer sei, führt zu einem Handgemenge unter den Religionsvertretern, was Ferkel und Igel nutzen, um sich unbemerkt fortzuschleichen.

Wiederum sind alle Glaubensaussagen durch die jeweiligen Schriften belegt. Die katholische Kirche nimmt noch heute Teufelsaustreibungen vor (hierzu werden Jahr für Jahr Exorzisten im Vatikan ausgebildet); Juden versuchten bereits vor der Entstehung des Christentums, Menschen vor „bösen Geistern“ zu beschützen; und die Hölle der Muslime braucht sich vor der Hölle der Christen nun wahrlich nicht zu verstecken (siehe die vorangegangenen Anmerkungen zur Höllenandrohung im Koran).

Auch der Streit zwischen den drei abrahamitischen Religionen, der nun schon seit fast eineinhalb Jahrtausenden tobt, ist geschichtlich hinreichend dokumentiert. Da es sich beim kleinen Ferkel um ein Kinderbuch handelt, haben wir die blutigen Kämpfe zwischen den Religionen heruntergebrochen auf die Ebene eines eher lustigen Handgemenges zwischen Rabbi, Bischof und Mufti. Wie das Bundesfamilienministerium angesichts dieses Bildes zu der Einschätzung kam, der Rabbi wolle den Bischof ersticken, ist uns völlig unbegreiflich. Treffend schrieb dazu der Kommentator der *Zeit*: „Es ist gemeinhin bekannt, dass Menschen mit einem Blatt Papier über dem Gesicht nicht ersticken. Auch ein Bischof kann notfalls durch die Nase atmen."

Kinder nehmen, wie wir bei Test-Lesungen mit ihnen feststellten konnten, das Bild tatsächlich als lustiges Handgemenge auf, nicht als bedrohlichen Kampf um Leben und Tod. Komisch finden sie vor allem, wie sich Ferkel und Igel während des Streits heimlich unter dem Gebetsteppich davonschleichen.

16. Doppelseite: Ferkel und Igel wieder zuhause

Zuhause angekommen, bemerken Ferkel und Igel, was ihnen ohne Gott gefehlt hat: *die Angst*. Aber auf diese Angst können sie gerne verzichten. Sie streichen auf dem Plakat, das an ihrem Häuschen angebracht ist, das Wörtchen „nicht" durch. Ihrer Meinung nach müsste es heißen: Wer Gott kennt, dem fehlt etwas! „Nämlich hier oben ...", sagt das Ferkel und tippt sich lachend an die Stirn. Der kleine Igel resümiert: „Ich glaub' ja, dass es den Herrn Gott überhaupt nicht gibt! Und wenn doch, dann wohnt der bestimmt nicht in diesen Gespensterburgen!"

Dass Ferkel und Igel „die Leute vom Tempelberg" als „verrückt" einschätzen, ist als Zeichen dafür gewertet wor-

den, dass das Buch eine „Erziehung zur Toleranz“ gefährde. Dies allerdings kann nur behaupten, wer Toleranz mit Akzeptanz verwechselt. Hierzu ein kurzer Exkurs zur Unterscheidung der Begriffe Toleranz, Akzeptanz und Ignoranz:

Toleranz ist eine Last. Das sagt schon die etymologische Herkunft des Wortes über das lateinische „tolerare“, das von „tolus“ (=„Last“) abgeleitet ist und das man mit „ertragen“, „durchstehen“, „aushalten“ oder „erdulden“ übersetzen kann. Toleranz meint die Fähigkeit, störende bzw. verstörende Formen des Andersseins oder Andershandelns erdulden zu können. Wer tolerant ist, der nimmt es hin, dass andere Menschen in unangenehmer Weise anders denken, handeln, empfinden.

Akzeptanz leitet sich demgegenüber vom lateinischen „accipere“ ab, das „annehmen“, „übernehmen“, „gutheißen“ bedeutet. Was man akzeptiert, das duldet oder toleriert man nicht nur bloß, man ist mit ihm einverstanden. (So tolerieren wir Homosexualität nicht nur, wir akzeptieren sie vielmehr als völlig legitimen Ausdruck menschlicher Sexualität, auch wenn wir heterosexuell veranlagt sind.)

Tolerieren müssen wir nur, was wir nicht akzeptieren, was wir nicht respektieren, was uns vielleicht sogar im höchsten Maße lächerlich vorkommt, wie etwa die Tatsache, dass Christen im Rahmen eines rituell-kannibalischen Akts, den sie „Kommunion“ nennen, ihren Erlöser verspeisen. Nimmt man uns die Möglichkeit, unseren fehlenden Respekt gegenüber solchen archaischen Praktiken in aller Deutlichkeit zu äußern, so nimmt man im gleichen Schritt auch Christen die Gelegenheit, erstens eine andere Sichtweise auf ihren Glauben kennenzulernen und zweitens sich in Toleranz zu üben. Gerade letzteres wäre aber dringend geboten, schließlich ist Toleranz (hier: die Duldung der Existenz säkularer Überzeugungen), etwas, was gerade sehr religiösen Menschen äußerst schwer fällt (siehe etwa den Karikaturenstreit).

Der dritte Begriff, Ignoranz, geht auf das lateinische Substantiv „ignorantia“ (= Unwissenheit, Dummheit) zurück und bezeichnet die Unfähigkeit, bedeutsame Sachverhalte zur Kenntnis zu nehmen. Manch einer, der tolerant erscheint, ist in Wahrheit nur ignorant, da er gar nicht die Lasten bemerkt, die er vielleicht erdulden müsste oder gegen die er sich möglicherweise sogar wehren sollte. Wer sich beispielsweise nicht darum kümmert, was innerhalb islamistischer Gruppierungen geschieht, der neigt weit eher dazu, sich in repressiver Weise tolerant zu äußern („Leben und Lebenlassen: Lasst die Leute doch machen, was sie wollen!“), als diejenigen, die einen guten Einblick in die Szene haben.

Ignorante Personen sind aufgrund ihrer fehlenden Kenntnis der zugrunde liegenden Sachverhalte nicht in der Lage, vernünftige Grenzen der Toleranz bzw. der Akzeptanz zu formulieren. Echte Toleranz setzt nämlich ebenso wie echte Akzeptanz einiges an Sachkenntnis voraus. Bevor man vernünftig entscheiden kann, ob etwas geduldet oder vielleicht sogar akzeptiert werden kann, ist es wichtig zu wissen, um welche Sachverhalte es überhaupt geht.

Damit zurück zum Ferkelbuch: Das Buch wendet sich zunächst einmal gegen Ignoranz. Es klärt über einige sehr zentrale Glaubensinhalte der drei abrahamitischen Religionen auf (die schreckliche Eifersucht Jahwes und seine hierauf gründenden, inhumanen Strafaktionen; die vermeintliche Erlösung des Menschen durch die Hinrichtung Jesu am Kreuz und das Verspeisen des Hingerichteten im Zuge der Kommunion; die kleinlichen lebenspraktischen Vorgaben Mohammeds sowie die gewalttätige Missachtung der „Ungläubigen" im Koran). Wenn diese Glaubensinhalte in den Auseinandersetzungen mit den Religionen ignoriert werden, führt dies zu einer falschen Akzeptanz, einem falschen Respekt gegenüber derartigen Vorstellungen. So unsinnig es wäre, diese Ideen aus der Perspektive von Humanismus und Aufklärung zu respektieren, so klar ist aber auch, dass wir sie tolerieren müssen, sofern die Religionen ihrerseits die Grenzen des Rechtstaates einhalten. Ferkel und Igel machen daher, obwohl sie von den Gottesdienern doch einigermaßen in die Mangel genommen wurden, keinerlei Anstalten, die Religionen anzugreifen oder verbieten zu wollen. Vielmehr erdulden, tolerieren sie die Existenz religiöser Heilslehren, denken aber – wie wir meinen: aus gutem Grund! – auf diese verzichten zu können. Kurzum: *Ferkel und Igel sind geradezu Musterbeispiele für Toleranz!* Würden die Vertreter der Religionen im Umkehrschluss ähnlich verfahren – sie müssen uns Ungläubige bzw. die Andersgläubigen ja nicht akzeptieren, bloß tolerieren! –, sähe es in der Welt um einiges besser aus! (Und es gäbe wohl auch keinen Indizierungsantrag gegen das kleine Ferkel!)

Darf man Kindern also sagen, dass man die Religionen für verrückt hält? Natürlich darf man das! Ebenso, wie Gläubige sagen dürfen, dass den Ungläubigen das „Wichtigste im Leben" fehlt! So ist das nun einmal im Wettbewerb der Ideen! Im Übrigen: Der Vorwurf eines Gottes- oder Religionswahns ist keineswegs ein originelles Produkt des sog. „Neuen Atheismus", der derzeit recht breit diskutiert wird. Zwei Jahrhunderte vor Dawkins' Bestseller *Der Gottes-*

wahn[24] wies ein deutscher Philosoph, der nun keineswegs im Ruf eines ruchlosen Ketzers steht, sondern der vielmehr von heutigen Theologen besonders gern zitiert wird, in exakt die gleiche Richtung. Immanuel Kant schrieb: „(…) alles, was, außer dem guten Lebenswandel, der Mensch noch tun zu können vermeint, um Gott wohlgefällig zu werden, ist bloßer Religionswahn und Afterdienst Gottes".[25]

Ist also auch der gute Immanuel Kant ein Fall für den Index? Und wie steht es um all die vielen progressiven Theologen, die darauf hinweisen, dass derjenige, der meint, Gott zu kennen, Gott eben nicht kennt, sondern bloß einer Wahnidee aufsitzt? Nicht nur ein Großteil der Werke der Philosophie wäre von Indizierung bedroht, wenn das Ferkelbuch aus solchen Gründen indiziert würde, sondern auch ein beachtlicher Teil der akademischen Theologie.[26]

Nebenbei: Das Resümee des kleinen Igels (und auch des Buches) ist *agnostisch*, nicht *atheistisch*. Es schließt die Existenz eines nicht näher bestimmten Gottes nicht prinzipiell aus, es legt nur – aus nachvollziehbaren Gründen – nahe, dass dieser in den real existierenden jüdisch-christlich-muslimischen Glaubensüberzeugungen (wie auch in vielen anderen religiösen Systemen) nicht exklusiv enthalten ist. Der Gottesbegriff Brunos, Spinozas, Meister Eckharts oder Einsteins steht also keineswegs im Widerspruch zur „frohen Botschaft" des kleinen Ferkels.

---

24 Dawkins, Richard: Der Gotteswahn. Berlin 2007

25 Kant, Immanuel: Die Religion innerhalb der Grenzen der bloßen Vernunft. In: Kant-Werke, Bd. 8, S. 842

26 Dies gilt insbesondere für die sog. „negative Theologie", die Gott als unnennbar, unsagbar, unbestimmbar „begreift" (vgl. hierzu u.a. Westerkamp, Dirk: Via negativa. Sprache und Methode der negativen Theologie. München 2006).

17. Doppelseite: Ferkel und Igel lassen Papierflugzeuge steigen

Ferkel und Igel reißen das Plakat von der Wand und basteln daraus viele kleine Papierflugzeuge, die sie in den Himmel steigen lassen. Ein Heidenspaß. Und so lautet denn „die Moral von der Geschicht': Wer Gott nicht kennt, der braucht ihn nicht!"

Die Geschichte hat ein Happy End. Ferkel und Igel sind durch die Konfrontation mit den Religionen nicht traumatisiert worden. Sie schauen nach oben – nicht um dort noch einmal nach Gott zu suchen, sondern um das Umherfliegen ihrer Papierflugzeuge zu bewundern.

Währenddessen klärt sich der Himmel auf (Anspielung auf das „Projekt der Aufklärung"), die entfernt noch an die Gestalten von Rabbi, Bischof und Mufti erinnernden Wolken verschwinden am Horizont, die Sonne kommt zum Vorschein. Hier findet sich auch ein Verweis auf das Logo der *Brights*, der internationalen Naturalistenbewegung. Zur Erläuterung: Naturalist ist, wer überzeugt ist, dass es im Universum mit „rechten Dingen“ zugeht, dass also keine Götter, Geister, Dämonen oder Kobolde in die Naturgesetze eingreifen. Im Kern ist dies auch die Arbeitsgrundlage aller empirischen Wissenschaften.

18. Doppelseite: Des Kaisers neue Kleider und die „nackten Affen“

Auf der letzten Doppelseite sieht man den Rabbi, den Bischof und den Mufti nackt und auch ein wenig beschämt, umringt von vielen anderen, freundlich dreinblickenden nackten Menschen unterschiedlichsten Alters und Statur. Ein Junge hebt das Buch *Des Kaisers neue Kleider und andere Märchen* hoch (auch in dem berühmten Märchen von Hanns Christian Andersen geht es bekanntlich um Imponiergehabe auf der einen und Einschüchterung auf der anderen Seite!). Im Epilog heißt es, dass der Gottesglaube auf dem Globus Hokuspokus sei und dass die religiösen Führer – wie alle anderen Menschen auch – bloß „nackte Affen“ seien: „Dem Ferkel haben sie nichts vorgemacht, es hat sie alle ausgelacht.“

Rabbi, Bischof und Mufti werden in die Gemeinschaft der „nackten Affen“ freundlich aufgenommen. Niemand distanziert sich von ihnen, obgleich den drei Gottesdienern, die Situation, nur „Gleiche unter Gleichen“ zu sein, offenbar nicht sonderlich angenehm ist. Der Begriff „der nackte Affe“ ist eine Anspielung auf den gleichnamigen Bestseller des britischen Zoologen und Verhaltensforscher Desmond Morris.[27] Entgegen eines weit verbreiteten Missverständnisses stammt der Mensch nicht nur von Affen ab, sondern er ist in der biologischen Systematik weiterhin ein Affe (wie es auch in dem schönen Gedicht von Erich Kästner[28] heißt: „So haben sie mit dem Kopf und dem Mund / den Fortschritt der Menschheit geschaffen / Doch davon mal abgesehen und /

---

27 Morris, Desmond: Der nackte Affe. München 1968

28 Kästner, Erich: Die Entwicklung der Menschheit. In: Doktor Erich Kästners Lyrische Hausapotheke. Zürich 1936, S. 39

bei Lichte betrachtet sind sie im Grund / noch immer die alten Affen"). Hier die korrekte systematische Zuordnung der Spezies Homo sapiens sapiens: Der Mensch ist ein Mitglied der Klasse der Säugetiere, der Ordnung der Primaten, der Unterordnung der Trockennasenaffen, der Zwischenordnung der Altwelt- oder Schmalnasenaffen, der Überfamilie der Menschenartigen und der Familie der Großen Menschenaffen und Menschen.

Die hochnäsige Vorstellung, wir seien als „Krönung der Schöpfung" etwas „Besseres", führte zu einer nachhaltigen Entfremdung von der Natur, zur Abwertung der nichtmenschlichen Tiere und einer Geringschätzung all jener Eigenschaften, die uns vor Augen führen, dass auch wir bloß Tiere (wenn auch Kultur schaffende und von Kultur geprägte Tiere[29]) sind. Dies zeigt sich nicht zuletzt auch in der Abwertung der Nacktheit. Wir halten in diesem Zusammenhang die Aussage des Generalsekretärs des Zentralrats der Juden, Stephan Kramer, für äußerst bedenklich: Dass die letzte Seite

29 vgl. Schmidt-Salomon, Michael: Auf dem Weg zur Einheit des Wissens. Die Evolution der Evolutionstheorie und die Gefahren von Biologismus und Kulturismus. Aschaffenburg 2007

unseres Buchs „absolut geschmacklos“ sei und das „dort dargebotene Bild nackter Menschen heranwachsenden Kindern sogar Angst machen“ könne, erscheint uns als Ausdruck einer tendenziell sexualfeindlichen Einstellung. Es sollte klar sein: Frei aufgewachsene Kinder haben von sich aus keine Angst vor nackten Menschen! Solche Angst- und Schamreaktionen werden Kindern erst antrainiert. Hieran haben die Religionen mit ihren sexualfeindlichen, patriarchalen Vorstellungen großen Anteil.[30]

In diesem Zusammenhang sollte man sich bewusst machen, dass der Begriff „Aufklärung“ nicht zuletzt auch eine sexuelle Komponente hat. Wer wirklich aufgeklärt ist, der braucht sich seiner Nacktheit nicht zu schämen. Dass manche Gläubige dies anders sehen – insbesondere Muslime, die meinen, ihre Töchter verschleiern zu müssen[31] – ist uns bewusst. Es kann aber nicht sein, dass ausschließlich religiöse Gruppierungen vorgeben dürfen, was in einer pluralen Gesellschaft als „sittlich erlaubt“ oder aber als potentiell „jugendgefährdend“ einzuschätzen ist! Schließlich ist ein Drittel der deutschen Bevölkerung bereits konfessionslos und selbst innerhalb der christlichen Kirchen stimmt nach repräsentativen Umfragen die Mehrheit der Menschen eher mit naturalistisch-humanistischen Positionen überein als mit den Glaubensvorgaben der jeweiligen religiösen Institutionen.[32] Es ist an der Zeit, dass dieses Faktum auch in der Politik und in den Medien wahrgenommen wird!

---

30 siehe hierzu u.a. Deschner, Karlheinz: Das Kreuz mit der Kirche. Eine Sexualgeschichte des Christentums. München 1989; oder: Dessau, Bettina / Kanitscheider, Bernulf: Von Lust und Freude. Gedanken zu einer hedonistischen Lebensorientierung. Frankfurt/Main 2000

31 kritisch hierzu siehe Ahadi, Mina / Vogt, Sina: Ich habe abgeschworen. Warum ich für die Freiheit und gegen den Islam kämpfe. München 2008

32 vgl. Schmidt-Salomon, Michael: „Irgendwie sind wir doch alle Humanisten…“ Über die soziale Verankerung des Humanismus in Deutschland. In: humanismus aktuell 18/2006

2. Keine antisemitischen Stereotype: Vergleich der Rabbi-Darstellung im Buch mit antisemitischer Nazipropaganda

Im Antragstext des Bundesfamilienministeriums an die Bundesprüfstelle wird den Machern des Bilderbuches *Wo bitte geht's zu Gott? fragte das kleine Ferkel* vorgeworfen, „Rassenhass an(zu)reizen", da das Buch „sich dazu eigne, eine gesteigerte, über eine bloße Ablehnung bzw. Verachtung hinausgehende feindselige Haltung gegen eine durch ihre Nationalität, Religion oder ihr Volkstum bestimmte Gruppe zu erzeugen". Beweis dafür sei u. a. die Darstellung („in negativer Weise") eines Rabbis „als wütender Mann mit entgleisten Gesichtszügen und den stereotypen Merkmalen eines streng orthodoxen Juden". Dieser werde „durch die bildliche Darstellung (...) verächtlich gemacht", die jüdische Religion gar „als besonders Angst einflößend grausam dargestellt" und damit „scheinen die Verfasser (...) zu suggerieren, dass die jüdische Glaubensgemeinschaft andere Religionen vernichten will". Damit sei das Buch geeignet, „Kinder und Jugendliche sozial zu desorientieren".

Noch weiter gehende Vorwürfe erhebt als Reaktion auf diesen Antrag ein Rezensent in der *Süddeutschen Zeitung* vom 31.1.2008 mit der Behauptung, „der Rabbi erinnert an Karikaturen aus den dreißiger Jahren: Schläfchenlocken, ein fanatisches Leuchten in den Augen, ein blitzendes Raubtiergebiss und Hände wie Pranken".

Dieser vorurteilsgeprägten Projektion sowie der vorangestellten auslösenden Ministeriumsvorlage muss hier ganz entschieden widersprochen werden. Beide Ansätze entbehren jeder nachvollziehbaren Grundlage und verfälschen das

Buch in unzumutbarer Weise. Sie diskreditieren die Macher des Buches mit einer unverantwortlichen Rufschädigung.

Die Haltlosigkeit der genannten Vorwürfe wird im Folgenden untersucht und belegt.

Angelpunkt der kritischen Argumentation ist die angebliche judenfeindliche Darstellung des Rabbis und die sich daraus scheinbar automatisch ergebenden Konsequenzen. Dabei wird im Antragstext mit dem Wort „stereotyp" indirekt, und in der Rezension mit dem Verweis auf die „dreißiger Jahre" ganz unverhohlen auf die antisemitischen Klischees des Naziregimes verwiesen. Dieser Verdacht einer gestalterischen Nähe ist unhaltbar. Dazu muss man sich zunächst einmal vor Augen führen, auf welche grafischen Elemente die antisemitische Propaganda der Nationalsozialisten zurückgriff.

Was zeichnet den Stürmer-Stil aus?

Untersuchungen von Karikaturen aus der Hetzzeitung „Der Stürmer" und vergleichende Betrachtungen von judenfeindlichen Kinderbüchern dieser Zeit wie „Der Giftpilz" oder „Traue keinem Fuchs auf grüner Heid´ und keinem Jud´ bei seinem Eid" zeigen ein klares und immer wiederkehrendes Schema.[1] Dieses wird übrigens auch heute auf breiter Front weitestgehend identisch kopiert in zahlreichen arabischen, antizionistischen Medien. Juden haben danach die folgenden stereotypen Merkmale, die sie insgesamt als minderwertig und verschlagen charakterisieren sollen:

- lange, nach unten gebogene Hakennase
- dick und unförmig, oftmals bucklig

---

1 vgl. hierzu u.a. Schäfer, Julia: Vermessen – gezeichnet – verlacht. Judenbilder in populären Zeitschriften 1918–1933 Frankfurt/M. 2005; Rohrbacher, Stefan / Schmidt, Michael: Judenbilder. Kulturgeschichte antijüdischer Mythen und antisemitischer Vorurteile, Hamburg 1991; Benz, Wolfgang: Bilder vom Juden. Studien zum alltäglichen Antisemitismus. München 2001

- kleiner Kopf, abfallende Stirn
- angedeuteter Zwergwuchs
- hervorstehende Augen
- ungepflegte äußere Erscheinung (unrasiert, blutverschmiert)
- Bewaffnung (Messer, spitzer Davidstern, Würgestrick, Schusswaffe, Peitsche)
- hässlicher, abstoßender Gesichtsausdruck

Wenn sie nicht als (Unter)menschen dargestellt wurden, kam oftmals als Steigerung die Verunglimpfung als Tiergestalt zur Anwendung. Die beliebtesten (Un)tiere waren:

- Rabe, Wolf, Spinne, Wurm oder Krake

Hinzu kommt, dass sie immer in Verbindung mit einer kriminellen Aktion, also grundsätzlich als Täter beschrieben und gezeichnet wurden, bevorzugt als:

- Mörder, Diebe, Aushöhler, Blutsauger, Auffresser, Vergifter, Ausbeuter etc.

Die Verbindung von angeblichen charakterlichen oder rassischen Unzulänglichkeiten mit unterstellten kriminellen Untaten sollte dazu dienen, Juden sowohl als Volks- und Religionsgruppe wie auch als einzelne Individuen pauschal negativ zu stigmatisieren und als emotional unzumutbar zu inszenieren.

Immer wiederkehrende, äußerliche Stereotypen

Die Kombination von immer wiederkehrenden äußerlichen Stereotypen und damit offenbar einhergehenden Verbrechen diente dazu, das Klischee vom „Tätervolk“ in den Köpfen zu installieren. Dies wurde unterstützt durch das völlige Fehlen von Abbildungen ganz alltäglicher, dem Betrachter möglicherweise menschlich vertraut erscheinender Charaktere, dem Fehlen von Frauen und Kindern im üblichen Zerrbild, sowie dem Fehlen von sozial positiv gewerteten Ausdrucksqualitäten wie Lächeln, Scherzen, Spielen, Musizieren oder sonstigen empathischen Verhaltensweisen. Die einzigen in ewigen Wiederholungen dargestellten erkennbaren Gefühle sind Hass und Verschlagenheit.

Dies ist zusammengefasst das Zerrbild des Juden aus dem Blickwinkel judenfeindlicher Propaganda im Nazistaat und in Teilen der heutigen arabischen Presse. Gegen dieses Zerrbild argumentiert der Antrag an die Bundesprüfstelle.

Wir unterstützen ausdrücklich die Bemühungen der Behörde bei der Bekämpfung solcher Menschen verachtender Klischees in jeder Form, so sie denn berechtigt ist. Dies trifft aber bei der Geschichte vom kleinen Ferkel definitiv nicht zu!

Zur grafischen Gestaltung des Ferkelbuchs

Bei der Gestaltung des im Antrag beschuldigten Bilderbuchs war den Machern zu jeder Zeit die Gefahr einer möglichen Assoziation dieser Klischees bewusst. Eben darum wurde peinlich genau darauf geachtet, diese Klischees ausdrücklich *nicht* zu bedienen. Aus diesem Grund ist unübersehbar, dass *keines* der oben beschriebenen Merkmale antisemitischer Bildgestaltung auf die Darstellung des Rabbis in dem Bilderbuch zutrifft. Im Einzelnen erkennt man deutlich, der Rabbi

- hat keine Haken-, sondern eine knuddelige Allerwelts-Kartoffelnase
- ist weder dick, unförmig noch bucklig, sondern normalgewichtig
- hat weder einen kleinen Kopf noch eine abfallende, sondern eher eine hohe Denkerstirn
- ist nicht kleinwüchsig, sondern durchschnittlich groß
- hat keine besonders hervorstehenden Augen
- ist weder unrasiert noch blutverschmiert, sondern trägt einen gepflegten Bart
- ist völlig unbewaffnet

- ist nicht hässlich, sondern zunächst offen aber streng wie ein strenger Lehrer (der er ja als Gelehrter auch ist), dann sehr ernsthaft (beim Erzählen einer sehr ernsten Geschichte), dann sehr schlecht gelaunt (wegen der aus seiner Sicht unziemlichen Fragen der Tiere) und am Ende verdutzt und etwas verschämt (auf Grund seiner plötzlichen, sehr menschlichen Nacktheit). Seinen Gesichtsausdruck auf den ersten beiden Bildern seines Auftrittes könnte man am Treffendsten mit freundlich-ernst beschreiben, was durch die Kombination von lächelndem Mund und strengem Blick illustriert wird.
- wird auf keinem Bild als Tier dargestellt oder mit einem Tier verglichen
- ist nur als Erklärer von Regeln und Erzähler von Geschichten sowie als menschlich reagierender Mensch zu sehen, nicht (mit einer ganz bewussten Ausnahme s. u.) als Handelnder oder gar als kriminell Handelnder. Vor allem auf dem Bild zur wahren Geschichte der Sintflut ist er klar als Erzähler erkennbar und nicht als Täter. Weder er selbst, noch der eigentliche Verursacher der grausamen Geschehnisse werden im Buch verurteilt oder „verächtlich" gemacht. Die Schlussfolgerung aus den geschilderten Ereignissen, die immerhin dem Alten Testament entstammen und nicht etwa von den Buchmachern in böswilliger Absicht erfunden worden sind, werden in der emotional sehr verständlichen Reaktion der Tiere angedeutet und im Weiteren dem Betrachter selbst überlassen. Die bildliche Umsetzung dieses globalen Massenmordes erfolgte bewusst mit sehr dezenten, nur andeutenden und möglichst wenig schockierenden, kindgerechten Mitteln (z. B. keine sichtbaren Toten bis auf den kleinen Schmetterling). Das Verwerfliche daran ist also nicht die Darstellung der Geschichte oder ihres Erzählers, sondern der grausame Kern der Geschichte selber.

Die einzige Ausnahme von der Regel, die Religionsvertreter stets nur als rein sprachlich agierende Zentralfiguren der jeweiligen Szenerie auftreten zu lassen, bildet das Bild ihrer handgreiflichen Auseinandersetzung untereinander.

Turbulente, unblutige Klopperei

Es zeigt eine absolut kindgerechte Umsetzung des in Wahrheit ja wesentlich düstereren und blutigeren Themas des ewigen Kampfes der Religionen um Macht und Deutungshoheit in Form einer sehr turbulenten, unblutigen und nicht einmal gefährlich anmutenden Klopperei. Hier wurde, wie an den vorherigen Stellen auch, ebenfalls mit Bedacht peinlich genau darauf geachtet, allen drei Männern vergleichbare Rollen zuzuteilen. Auf diesem Bild haut der Bischof dem Mufti eine Bibel auf den Turban, dieser verdreht seinerseits dem Rabbi den Fuß, während jener mit Hilfe der Gebetsrolle versucht, dem Bischof den Mund zuzuhalten. Jeder ist also erkennbar Täter und Opfer zugleich, und keiner von Ihnen wird einem Anderen ernsthaft gefährlich. Aus dieser eher abstrusen und komischen Gemengelage eine Mordabsicht des Rabbis, der angeblich versucht, den Bischof mit einem dünnen Papier zu ersticken (während dessen Nase noch frei ist!) herauszulesen, grenzt schon an eine schwerwiegende Wahrnehmungsstörung. Der daran anknüpfende Vorwurf, in dieser Abbildung scheinen (!) die Autoren zu suggerieren, die jüdische Religion wolle offenbar alle anderen Religionen „vernichten" (ein denkbar unpassendes und respektloses Wort gegenüber einer beinahe vollständig vernichteten Menschengruppe!), ist durch nichts auch nur im Ansatz belegbar und zeugt von einer geradezu *unfassbaren Projektion eigener Vorstellungen* der Kritiker! Im Übrigen, das sei nur nebenbei bemerkt, ist der einzige textliche Bezug auf die sichtbaren Handgreiflichkeiten die Aktion des Bischofs gegenüber dem Mufti. Der Rabbi bleibt in diesem Zusammenhang als nur allgemein Beteiligter betont im Hintergrund.

Und nur der Vollständigkeit halber noch zu dem Pamphlet aus der *Süddeutschen Zeitung*:

- Der Rabbi hat kein fanatisches Leuchten in den Augen (nicht einmal den bei glänzenden Augen theoretisch sichtbaren Lichtreflex)
- er hat kein blitzendes Raubtiergebiss (weder blitzt es, noch ist daran irgendetwas Tierisches, wie z. B. spitze Reiß- oder Vampirzähne), sondern sehr menschlich schiefe Zähne (nach dem Muster der Zähne des Zeichners!)
- er hat keine Hände wie Pranken, sondern völlig normale, sehr differenzierte und ausdrucksstarke Menschenhände

Natürlich ist der Rabbi, wie alle übrigen Figuren der Geschichte auch, sehr ausdrucksvoll dargestellt, um für jede Rolle dieses kleinen Kammerstücks kein Abziehbild, sondern eine menschlich und charakterlich nachvollziehbare Figur zu präsentieren. Dazu gehören, wie im Theater auch, deutliche Gesichtsausdrücke ebenso wie starke Gesten der Hände und eine prägnante Körpersprache. Dies aber trifft, wie gesagt, ausnahmslos auf alle dort vorkommenden Figuren zu, auf die kleinen tierischen Helden ebenso wie auf ihre menschlichen Widerparts. Der Rabbi ist weder gestalterisch, noch textlich in irgendeiner Weise gegenüber den anderen Religionsvertretern hervorgehoben, weder negativ noch positiv. Dies war die ausdrückliche Grundprämisse der textlichen und zeichnerischen Gestaltung des Buches. Er steht lediglich deswegen in der auftretenden Reihenfolge der Religionsvertreter am Anfang, weil die jüdische nun einmal historisch die Älteste der drei abrahamitischen Religionen ist.

Dass dem Buch dennoch direkt und indirekt eine Assoziationsnähe oder Verwendung der oben im Einzelnen aufgelisteten Klischees vorgehalten, und daraus folgend von einer Jugendgefährdung ausgegangen wird, offenbart sehr deutlich eine drastische Fehleinschätzung bzw. Fehlinterpretation des Buches.

Fehleinschätzung bzw. Fehlinterpretation des Buches
Die Projektion antijüdischer Klischees in dieses dezidiert alle Religionsvertreter mit Bedacht genau gleich behandelnde Buch sagt vor allem etwas aus über die klischeegeprägte Betrachtungsweise der Kritiker, nichts über die Intention der Buchgestalter oder eine etwaige Wirkung des Buchs auf unbedarfte Beobachter.

Wir warnen dringend davor, leichtfertig mit dem Verweis auf antisemitische Klischees Vorwürfe in den Raum zu stellen, die viel eher genau das provozieren könnten, was sie eigentlich gerade zu verhindern beabsichtigen.

Rassistische, judenfeindliche und Menschen verachtende Stereotype sind in den Köpfen heutiger Kinder im Bilderbuchalter mit allergrößter Wahrscheinlichkeit nicht vorhanden. Sie kennen diese schlicht und einfach nicht. Daher werden Kinder von sich aus auch bei kritischster Betrachtung des vorliegenden Buches keine solchen Klischees assoziieren können, da diese in ihrem Denken gar nicht vorkommen. Ein wütender Rabbi wird, genau wie der wütende Bischof oder der wütende Mufti, allenfalls Assoziationen zu einem ihnen vielleicht persönlich bekannten, ebenfalls in schlecht gelaunter Stimmung erlebten Nachbarn, Opa, Lehrer oder Busfahrer wecken. Das wiederum erzeugt eher Verständnis und Wiedererkennbarkeit, keinesfalls aber eine „über eine bloße Ablehnung bzw. Verachtung hinausgehende feindselige Haltung".

Die einzigen tatsächlich sichtbaren Klischees im Ferkelbuch ergeben sich aus den jeweiligen Kleiderordnungen der dargestellten Religionsvertreter. Diese sind genau so gezeichnet, wie es ihren eigenen Regeln und Gewohnheiten entspricht. Weder die Kopfbedeckung, der schwarze Anzug oder die Schläfenlocken des orthodoxen Rabbis, noch die Kopfbedeckung und das Ornat des Bischofs oder des Muftis sind für das Bilderbuch erfunden, in unzulässiger Weise übertrieben oder verfälscht worden. Für eine eindeutige Rollenzuweisung ist ihre Darstellung notwendig und absolut vertretbar. Durch die gleichzeitige absolute Gleichbehandlung der drei Herren wird ihre spezifische Zuordnung aber im selben Zug auch wieder relativiert bzw. aufgehoben, und alle Drei erscheinen eher als drei Ausprägungen ein und desselben Phänomens. Damit ist klar gezeigt, dass es hierbei keinesfalls um eine negative Heraushebung eines der drei Religionsvertreter geht.

Fazit

Bei der Darstellung des Rabbis wurde in dem angeprangerten Bilderbuch seitens der Macher mit großer Sorgfalt und Bedacht darauf geachtet, keine stereotypen, negativen Klischeebilder zu verwenden, die diesen Mann persönlich oder als Repräsentant einer bestimmten Gruppe in irgendeiner Weise verächtlich machen könnten. Seine Person ist durch eine menschlich nachvollziehbare Charakterisierung, rollenkonforme Äußerlichkeiten und schlüssige emotionale Reaktionsmuster in seiner Körpersprache definiert. Eine besondere Hervorhebung seiner Person gegenüber den anderen beiden Herren findet nicht statt.

Zur Dokumentation der oben aufgeführten Klischeebilder liegen mehrere deutliche Bildbeispiele aus den erwähnten Medien zur Einsicht vor. Klar ist: *Wer behauptet, das kleine Ferkel bediene sich „Stürmer-Klischees“, der weiß entweder nicht, wovon er spricht (fahrlässige Ignoranz), oder aber er setzt bewusst Lügen in die Welt.*

3. Wo bleibt das Positive?

In einigen Negativ-Beurteilungen des Ferkelbuchs wurde kritisiert, dass dem Ganzen etwas zutiefst Gehässiges und Indoktrinierendes anhafte, eine vollkommen kinderbuchfremde Schwarz-Weiß-Malerei und Einseitigkeit. Dem Kommentator der *Süddeutschen Zeitung* erschien das Buch sogar „trostloser als ein Spaziergang über zubetonierte nordkoreanische Freiflächen, alles plan und platt, nirgends auch nur das kleinste Pflänzchen, das zweckfrei vor sich hinsprießen dürfte."

Harte Worte. Kann man diesen Eindruck bestätigen, wenn man das Buch vorurteilsfrei zur Hand nimmt? Wohl kaum. Ausgangs- und Endpunkt der kleinen Reise von Igel und Ferkel ist ein zutiefst friedlicher, freundlicher Ort. Hier ist reichlich Platz für kleine Alltagsdetails, sommerliche Wohnidylle, nette soziale Kontakte, Lust an Gesprächen und philosophischen Betrachtungen, zweckfreie Gags und wohlige Sinnesfreuden. Auch im Verlauf der Reise gibt es etliche Gelegenheiten zur Beobachtung unbestreitbar positiver Charaktereigenschaften der Hauptdarsteller. Sie sind höflich, interessiert, offen und gesprächsbereit, haben Fantasie, Humor und eine gute Portion Selbstbewusstsein. Selbst im Epilog erscheint als wichtigste Botschaft die Gleichheit aller Menschen, wenn man die Seite mal ohne die religiöse Brille betrachtet. Unsere beiden Tiere sind immer freundlich und positiv gegenüber ihren Gesprächspartnern zu sehen. Nur wenn sie sich über schreckliche Geschichten oder unverständliche Reaktionen erschrecken, ist ihnen das natürlich anzusehen. Sie sind stets voller Empathie und an keiner Stelle bösartig oder absichtlich beleidigend. Das Werk ist darüber hinaus durchgehend liebevoll in freundlichen Farben gestaltet, erlaubt vielfältige Ein- und Ausblicke in die verschiedenen Lebenswelten, bietet emotional ausdrucksstarke Bilder und Charaktere, die nicht als Abziehbilder, sondern durchgehend als nachvollziehbare Individuen präsentiert werden.

Die drei Religionsvertreter haben in dieser Geschichte selbstredend nicht die großen Sympathierollen. Wie in jedem guten Theaterstück wird auch hier mit Spannung und Kontrasten gearbeitet, um einen prägnanten Handlungsfaden zu spinnen. Es ist schließlich kein Sachbuch, sondern eine Bilderbuchgeschichte in Form einer Tragikkomödie, wenn man die Geschichte denn unbedingt in eine Schublade stecken will. Dabei spielen die drei Männer zwar unisono die klassische Rolle des Widerparts gegenüber den Helden, werden aber in dieser Rolle eher sanft karikiert als böswillig überzeichnet. Ihre kleinen allzu menschlichen Makel wurden nicht dargestellt, um irgendwelche diffamierende Klischees zu bedienen (was bei entsprechender Absicht ein Leichtes gewesen wäre!), sondern im Gegenteil, um das Menschliche in ihren Rollen zu unterstreichen. Wenn der Rabbi schiefe Zähne hat (wie übrigens der Zeichner selber), der Bischof einen dicken Bauch oder der Mufti eher etwas klein geraten ist, dann um ihre künstliche amtsbedingte Erhöhung bildlich zu brechen und sie dem Betrachter in ihrer Nicht-Perfektion ein Stückchen näher zu bringen.

Einem Kind werden sich diese Merkmale als Zitate ihrer eigenen mitmenschlichen Alltagserfahrung anbieten, mit der sie den Rabbi vielleicht mit dem etwas mürrischen Nachbarn assoziieren werden. Die wahrhaft erschreckenden negativen Zuordnungen, die aus so manchen wutverzerrten journalistischen Rezensionen sprechen, kommen für Kinder überhaupt nicht in Betracht und stellen für sie daher auch keinerlei Gefahr der Verrohung oder sozialen Desorientierung dar.

In vielen Rezensionen wurde vor allem der durchgehend positive und lebensbejahende Aspekt der Geschichte vollkommen übersehen oder mutwillig unterschlagen. Kinder und Jugendliche reagierten bislang bezeichnenderweise besonders aufgeschlossen, erheitert und positiv gestärkt auf die kleine Geschichte – und ausgesprochen befremdet und verstört dagegen auf die erwähnten negativen Einwürfe und Zensurversuche überbesorgter Erwachsener. Man muss sich schon fragen, wer hier eigentlich einen möglichen Schaden im kindlichen Gemüt anrichten könnte – die gewissenhaften Gestalter oder die gewissensbelasteten Kritiker. Das erste Opfer dieser Konfrontation ist schon in Sicht – es ist das Positive.

4. Persönliche Erklärung des Texters (Dr. Michael Schmidt-Salomon)

Ich gebe zu: Ich habe von Anfang an mit einer harten Gegenkampagne gegen „das kleine Ferkel“ gerechnet. Schließlich besitzen die Religionen das Weltanschauungsmonopol in unseren Kinderzimmern. Es konnte den Vertretern der Religionen nicht gefallen, dass sich das kleine Ferkel in der Weihnachtszeit besser verkaufte als ein Großteil der religiösen Kinderbuchliteratur. Wer will es ihnen verdenken, dass sie da alle Mittel einsetzten, um das Buch wieder vom Markt zu verdrängen? In diesem Zusammenhang war ich durchaus auch auf den (sachlich freilich völlig unbegründeten!) Vorwurf des Antisemitismus vorbereitet. Überrascht hat mich jedoch, dass dieser Vorwurf ernsthaft von einem deutschen Bundesministerium erhoben wurde! Gerade vor dem Hintergrund der Gräueltaten der deutschen Geschichte hätte ich erwartet, dass ein Ministerium bei derartig gravierenden Vorwürfen äußerste Sorgfalt walten lassen würde. Davon kann im vorliegenden Fall nicht die Rede sein.

Das Bundesfamilienministerium hat sich leider in eine Kampagne involvieren lassen, die einzig und allein darauf ausgerichtet war, den Ruf der Autoren und des Verlags zu beschädigen. Ich kenne die Mechanismen, die in solchen Fällen greifen, aus eigener Erfahrung: In iranischen Medien hat man mich noch vor wenigen Monaten als „zionistischen Agenten Israels“ bezeichnet, um auf diese Weise den *Zentralrat der Ex-Muslime* zu diskreditieren, dessen PR-Kampagne „Wir haben abgeschworen!“ ich als Vorstandssprecher der *Giordano-Bruno-Stiftung* geleitet hatte. Die beiden Etikettierungen sind zwar völlig konträr (hier: „Antisemit“, dort: „jüdischer Agent“), die dahinter stehende politische Strategie ist aber identisch: Stimmung statt Argumente.

Dass der Antisemitismusvorwurf gegen uns haltlos ist, hat nicht nur der jüdische Publizist Henryk M. Broder, sondern auch der Generalsekretär des Zentralrats der Juden in Deutschland herausgestellt. Dennoch wird der Vorwurf, wir hätten uns im Ferkelbuch antisemitischer Stereotype bedient, weiterhin verbreitet. Dies ist nicht nur extrem rufschädigend, sondern läuft bei genauerer Betrachtung auch auf eine unverzeihliche Verharmlosung der antisemitischen Hetzpropaganda des Nationalsozialismus hinaus! Dies kann und darf man nicht hinnehmen!

Als erschreckend empfinde ich in diesem Zusammenhang das im ministerialen Indizierungsantrag zum Ausdruck kommende, undifferenzierte Bild des Judentums. Offenbar weiß man im Ministerium nicht, dass die allermeisten Juden progressiv, wenn nicht gar säkular, denken und sich in einer Schärfe, die das Familienministerium arg erschrecken würde, von jenen ultraorthodoxen Rabbis distanzieren, die meinen, das Alte Testament bzw. die Thora wörtlich nehmen zu müssen. Nur dieses orthodox-religiöse Judentum wird mit guten Gründen im Ferkelbuch kritisiert, nicht „die“ Juden schlechthin. Wer das eine vom anderen nicht unterscheiden kann, sollte seine eigenen Denkklischees dringend überprüfen!

Der Antisemitismus-Vorwurf hat mich, obgleich ich mit ihm rechnete, ganz persönlich getroffen, da ich seit Jahren selbst Zielscheibe antisemitistischer Hetze bin. Dass ich von fundamentalistischen Christen und Muslimen sowie von politischen Rechtsextremen als „Judensau“, beschimpft werde, liegt wohl teils an meinem jüdisch klingenden Namen, teils an meiner sehr offenen Kritik an Christentum und Islam, die man offenbar nur „jüdischen Atheisten“ zutraut, teils daran, dass ich mich als humanistischer Philosoph natürlich häufig auf säkulare Juden wie Sigmund Freud, Albert Einstein, Karl Marx oder Erich Fromm berufe, teils an meinem langjährigen Engagement gegen Rechtsextremismus (u. a. bin ich Inhaber der Internet-Domain *rockgegenrechts.de*).

Auch den zweiten Vorwurf des Ministeriums, das kleine Ferkel sei aufgrund seiner Verächtlichmachung von (orthodoxem) Judentum, Christentum und Islam geeignet, „Kinder und Jugendliche sozial-ethisch zu desorientieren", halte ich für eine ziemliche Unverfrorenheit, spricht dies doch den Verfassern jegliche pädagogische Kompetenz ab. Nun bin ich nicht nur selbst Vater von zwei Kindern, sondern war nach dem Studium der Erziehungswissenschaft rund zehn Jahre lang Dozent im Fach Pädagogik an der Universität Trier und leitete darüber hinaus Seminare an verschiedenen pädagogischen Instituten, u. a. am luxemburgischen *Institut D'Etudes Educatives et Sociales*, wo ich über Verhaltensauffälligkeiten bei Kindern und Jugendlichen lehrte.

Gerade *weil* ich mich so ausführlich mit der historischen Genese der Pädagogik beschäftigt habe, weiß ich, dass nicht nur die Menschenrechte im Allgemeinen, sondern auch die Prinzipien einer halbwegs menschenfreundlichen, aufgeklärten, liberalen Pädagogik erst gegen den Widerstand der Religionen, in unseren Breitengraden vornehmlich des Christentums, erkämpft werden mussten. Zuvor wurden Generationen von Christen zu bedingungslosem, blindem Gehorsam gegenüber der vermeintlich höchsten Autorität (Gott) und den jeweils herrschenden religiösen und weltlichen Stellvertreter erzogen. Stilbildend in diesem Zusammenhang der Gründer des Jesuitenordens, Ignatius von Loyola, der seinen Ordensbrüdern befahl, sich von der göttlichen Vorsehung durch die Ordensoberen so führen zu lassen, „als wären sie ein Leichnam, der sich überall hintragen und auf jede Weise behandeln lässt". Solch sprichwörtlicher „Kadavergehorsam" – nicht der „Mut, sich des eigenen Verstandes zu bedienen" (Kant) – galt lange Zeit als christliche Tugend.

Allein die Abschaffung der Prügelstrafe dauerte Jahrhunderte, war diese doch durch die „Heilige Schrift" bestens legitimiert. So heißt es im alttestamentarischen „Buch der Sprichwörter“: „Wer die Rute spart, hasst seinen Sohn, wer ihn liebt, nimmt ihn früh in Zucht“. Aufgegriffen wird dies später im neutestamentarischen „Brief an die Hebräer“: „Denn wen der Herr liebt, den züchtigt er; er schlägt mit der Rute jeden Sohn, den er gern hat. Haltet aus, wenn ihr gezüchtigt werdet. Gott behandelt euch wie Söhne. Denn wo ist ein Sohn, den sein Vater nicht züchtigt?“ Johann Hinrich Wichern, der viel gepriesene Begründer der evangelischen „Rettungshäuser“, hatte völlig Recht, als er zur Legitimation seiner harten, Körper und Seele beschädigenden Züchtigungsmaßnahmen darauf hinwies, dass die Strafe „so wesentlich in die christliche Erziehung hinein“ gehöre, „als der Unterschied zwischen gut und böse vorhanden ist und Strafe und Lohn wesentliche Handlungen und Offenbarungen der göttlichen Gerechtigkeit sind“.

Es bedurfte schon dezidiert religionskritischer Denker wie Alexander Sutherland Neill oder Bertrand Russell, um mit experimentellen Schulmodellen („Summerhill“, „Beacon Hill“) Wege zu einem neuen, freundschaftlicheren Umgang mit Kindern zu eröffnen. Im Zuge der Aufbruchsstimmung der 50er, 60er und 70er Jahre des 20. Jahrhunderts wurde die traditionelle, christlich-autoritäre „Zucht- und Ordnung-Pädagogik“ dann zwar zunehmend zurückgedrängt, doch diese Liberalisierungswelle erreichte tragischerweise längst nicht alle Kinder und Jugendlichen. Hunderttausende von Heimkindern, die das Pech hatten, in einem christlichen Erziehungsheim oder in einem christlichen Internat sozialisiert zu werden, mussten weiterhin „den besonderen Segen“ christlicher Fürsorge erfahren. Dort gab es nicht nur in Einzelfällen für die Übertretung rigider lebensfeindlicher Moralvorstellungen „Schläge im Namen des Herrn“. Die „barmherzigen“ Brüder und Schwestern sorgten dafür, dass die Heimkinder über Jahre hinweg systematisch ausgebeutet, gedemütigt, weggesperrt, seelisch wie körperlich missbraucht wurden – das „vielleicht größte Unrecht, das jungen

Menschen in der Bundesrepublik angetan wurde", wie der *Spiegel*-Autor Peter Wensierski in seiner Dokumentation über die „verdrängte Geschichte der Heimkinder in der Bundesrepublik" formulierte. Es ist einer der Skandale der neueren Geschichte, dass die kirchlichen Institutionen sich bis heute nicht bei diesen Hunderttausenden von Opfern ihrer Pädagogik entschuldigt und ihnen (so wie es bereits in Irland geschehen ist) entsprechende finanzielle Entschädigungen gezahlt haben. Hier hätte der Staat die Aufgabe, hinreichend Druck auf die kirchlichen Institutionen auszuüben! Dies ist jedoch bis jetzt nicht geschehen, stattdessen wurden die Kirchen von Familienministerin von der Leyen als wichtigste Kooperationspartner für ihr „Bündnis für Erziehung" vorgestellt und gegenüber allen anderen weltanschaulichen Gruppierungen in einseitiger Weise privilegiert!

Ich führe dies hier an, um aufzuzeigen, worin das eigentliche Problem des ministerialen Indizierungsantrags gegen das Ferkelbuch liegt. Pointiert formuliert: Das Bundesfamilienministerium, ja der gesamte deutsche Staat, ist auf dem weltanschaulichen Auge blind oder leidet zumindest unter einer empfindlichen Sehstörung! Um den Interessen der Religionslobby zu dienen, werden immer noch kontinuierlich die Interessen eines Drittels der deutschen Bevölkerung, der Konfessionslosen, ausgeblendet. Selbst im Ethik-, LER- oder Werteunterricht, der ja vorwiegend von konfessionslosen Schülerinnen und Schülern besucht wird, werden unter der Rubrik „Weltanschauungen" fast ausschließlich Religionen behandelt. Die große Tradition von Humanismus und Aufklärung, die älter ist als das Christentum (griechische Antike!) und der wir letztlich auch die wesentlichen Errungenschaften der Moderne zu verdanken haben (!), fällt dabei meist unter den Tisch.

Diese weltanschauliche Scheuklappenblindheit kam auch in der Debatte um das Ferkelbuch deutlich zum Vorschein. Statt dass die tatsächlich ethisch wie intellektuell problematischen Inhalte der religiösen Literatur thematisiert wurden, geriet das kleine Ferkel ins Kreuzfeuer der Kritik, nur weil es einen ersten bescheidenen Beitrag zur Entzauberung dieser Inhalte leistete. Dass das Bundesfamilienministerium und auch ein Großteil der Medien so bereitwillig als Handlanger religiöser Interessengruppen fungierten, empfinde ich als äußerst bedenklich.

Gut verstehen kann ich, dass manche Vertreter der Religionen insbesondere von unserer humorvollen Herangehensweise nicht gerade begeistert waren. Schließlich gibt es nichts, was unbegründeten Ängsten stärker entgegenwirken könnte als die subversive Kraft des Humors! Und wenn die Gläubigen die Furcht vor der Religion verlieren, beginnt bei deren Vertretern das große Fürchten ... Eben deshalb werden ja gerade Satiriker, Cartoonisten, Kabarettisten von religiöser Seite besonders bedroht (siehe Karikaturenstreit). Staatliche Institutionen hätten eigentlich die Aufgabe, diese mutigen Vorkämpfer der Streitkultur der Aufklärung zu schützen, ja sogar: entschieden zu fördern, statt selber ins Horn zur „fröhlichen Ketzerjagd" zu blasen.

In der Debatte zum Ferkelbuch waren psychodynamische Prozesse zu beobachten, die fatal an die Zeiten der Ketzerverfolgungen erinnern. So projizierten einige Gläubige ihre Hassgefühle gegenüber „den Ungläubigen" auf uns, indem sie unterstellten, wir seien „Religionshasser", die „Anti-Religionshetze" betreiben. Wer die Geschichte vom kleinen Ferkel ohne vorgefertigte Schablonen gelesen hat, der weiß, dass sie keineswegs zu Hass aufstachelt, sondern zu Heiterkeit.

Selbstverständlich war es Unsinn, zu behaupten, wir würden Religionen „hassen". Derartige Gefühle sind uns fremd. Ich persönlich „hasse" Religionen keineswegs, ich halte sie vielmehr, wie ich auch im Nachwort zur zweiten Auflage des *Manifests des evolutionären Humanismus*" ausgeführt habe, für „kulturelle Schatzkammern der Menschheit", die sowohl Sinnvolles, Humanes, als auch Sinnloses, Inhumanes, enthalten. Es ist die große Aufgabe der Aufklärung, das Eine von dem Anderen zu trennen. Dies allerdings kann nur dann gelingen, wenn Kritiker wie wir ihre Position so klar wie möglich formulieren können. Erst durch diesen „Druck von Außen“ entstehen innerhalb der Religionen die notwendigen Freiräume für innerreligiöse Reformprozesse.

Diese ganz besondere „Dialektik der Aufklärung“ gilt es zu berücksichtigen, wenn man das kleine Ferkel angemessen beurteilen will. Entgegen dem Antrag des Ministeriums bin ich der festen Überzeugung, dass gerade dieses Buch Kinder und Jugendliche in ihrer sozial-ethischen Entwicklung unterstützen kann. Denn auch Kinder haben ein Recht auf Aufklärung! Sie sollten nicht schutzlos den wissenschaftlich unhaltbaren und ethisch problematischen Erzählungen der Religionen ausgeliefert sein!

Angesichts der ungeheuren Masse religiöser Kinderbücher war das Ferkelbuch dringend erforderlich – nicht nur weil es zur Herstellung weltanschaulicher Pluralität im Kinderzimmer beiträgt, sondern auch, weil wir ein wirksames Gegenmittel gegen die vielfältigen Formen religiöser Indoktrination dringend benötigen. Daher erwarte ich von der Bundesprüfstelle eine deutliche Ablehnung des Indizierungsantrags des Bundesfamilienministeriums. Alles andere wäre ein Skandal …

5. Persönliche Erklärung des Illustrators (Helge Nyncke)

Als verantwortlicher Illustrator des Bilderbuches *Wo bitte geht's zu Gott? fragte das kleine Ferkel* lege ich Wert darauf, Ihnen Kenntnis von meinen ganz persönlichen geistig-moralischen Grundwerten zu geben, da allein die Begründung zur Prüfung des Indizierungsantrages uns, den Gestaltern dieses Werks, Absichten und Neigungen unterstellt, die meine persönliche Würde und Integrität zumindest tiefgreifend in Frage stellen und meinen guten Ruf nachhaltig zu beschädigen in der Lage sind. Da Sie mich selbst und mein 25-jähriges berufliches Wirken nicht kennen, möchte ich Sie hiermit darüber in Kenntnis setzen:

Bereits in meiner Abschlussarbeit als Diplom-Designer im Fachgebiet der visuellen Kommunikation beschäftigte ich mich mit Wahrnehmungsgewohnheiten und Gestaltungsgrundlagen im Kinder-Medien-Bereich. Seitdem arbeitete ich auf zahlreichen Gebieten dieser Fachrichtung wie Kinder-Sach- und Bilderbüchern, Spielen, Trickfilmen und kindgerechten Raumgestaltungen für Kinderkrankenhäuser. Meine oberste Prämisse war und ist, nicht in erster Linie den Gesetzen des Medienmarktes, sondern vielmehr den Kindern gerecht zu werden. Meine Erfahrungen dazu speisen sich zum Einen aus dauerhaftem Interesse an Pädagogik, Psychologie und Philosophie sowie dem intensiven Verfolgen moderner Erkenntnisse der Hirnforschung und Lerntheorie, zum Anderen aus grundlegenden pädagogischen Erfahrungen im Zivildienst, in zahllosen Schulvorstellungen, Lesereisen und Vorträgen sowie aus der Erziehung und tiefen persönlichen Anteilnahme am Lebensweg meiner eigenen vier Kinder, die heute im Alter zwischen 14 und 24 Jahren sind. Dazu führe ich einen steten fruchtbaren Gedankenaustausch mit meiner Frau, die als Diplom-Pädagogin im Behindertenbereich tätig ist, und mich an ihrer Arbeit lebhaft teilnehmen lässt.

Damit kann ich mich wohl ohne Übertreibung als ausgewiesenen Fachmann auf dem Gebiet der kindergerechten Gestaltung bezeichnen.

Eines meiner obersten Gebote für die Ausübung des Berufs des Illustrators, den ich auch immer als eine Art „Berufung" angesehen habe, ist das Wahrnehmen von Verantwortung. Verantwortung gegenüber Kindern und den für sie gestalteten Medien zu übernehmen, ist ein hohes Gut. Damit geht man nicht leichtfertig um. Es ist mit das Wichtigste, was wir als Eltern und, wie in meinem Fall, als beruflich für Kinder arbeitende Menschen auf dieser Welt tun können. In diesem Sinne habe ich mich, auch gegen stetige Widerstände aus Kreisen eines eher Kinder verdummenden, angepassten Kinderkultursumpfs, immer für besonders elementare Werte eingesetzt:

- Respekt und Achtung gegenüber Menschen jeden Alters und jeder Eigenart
- Unterstützung selbständiger Individualität
- Ermutigung zu eigenständigem Denken und Handeln
- Rücksichtnahme auf persönliche Gefühle und Grenzen
- Toleranz gegenüber andersartiger kultureller oder individueller Prägung
- Förderung von Neugier, Fragelust, Humor und Kreativität
- Anregung von Geschichtsbewusstsein und Eigenwahrnehmung
- Verdeutlichung von Hintergründen und versteckten Wahrheiten
- Angebot von vielseitigen und neuen Perspektiven und Sichtweisen
- Präsentation von Alternativen und neuen Ansätzen

Dabei verstand und verstehe ich mich immer mehr als Anwalt und Fürsprecher der Kinder, denn als Ausführungsgehilfe medienkonformen Schubladendenkens. Ich würde mich niemals wissentlich an der Gestaltung irgendeines Mediums beteiligen, das in Form und/oder Inhalt diesen Grundsätzen zuwiderläuft. Ebenso habe ich mich stets bemüht, dieses Credo auch im persönlichen Umgang mit meinen eigenen und allen anderen Kindern mit Leben zu füllen. Insbesondere der immerwährende Kampf gegen schnelle Vorurteile, bequeme Denkschubladen und unsoziale Sprach- und Handlungsmuster hat in mir einen nimmermüden Streiter für ein menschengerechtes Miteinander.

Das ganz spezielle Phänomen des Antisemitismus ist für mich ein lebensbegleitendes Thema. Von den Eltern her in der damals verbreiteten Richtung eines blinden, nationalen Mitläufertums und dumpfer Fremdenfeindlichkeit eher abgeschreckt und zum Widerstand motiviert, erfuhr ich bereits im Gymnasium eine gründliche und nachhaltige Korrektur dieses kindheitsgeprägten Weltbildes in Richtung einer aufgeklärten und kritischen politischen Kultur. Das setzte sich kontinuierlich fort in der politischen Basisarbeit auf kommunaler Ebene, wo ich mich sehr für die Frauen- und Umweltbewegung einsetzte. Auch in meiner Arbeit als Schulbuchillustrator wurden solche politischen Themen immer wieder tangiert. Es findet sich in meiner gesamten politischen und persönlichen Vita nicht der Hauch eines Verdachts antisemitischen Gedankenguts.

Die Unterstellung, ich könnte also absichtlich oder aber in Unkenntnis oder Fahrlässigkeit im vorliegenden Bilderbuch antijüdische Tendenzen gebilligt, unterstützt, konstruiert oder auch nur billigend in Kauf genommen haben, ist nicht nur absurd, sondern für mich zutiefst beleidigend, kränkend und rufschädigend. Aus den oben stehenden sachbezogenen Artikeln wie meinen persönlichen Ausführungen können Sie entnehmen, dass mir nichts ferner liegt, als solch einem Klischee Nahrung zu verschaffen. Die Unterstellungen des Ministeriums werden nicht nur der Sache absolut nicht gerecht, sie greifen unsere persönliche Integrität in einem Maße an, wie ich es zuvor nicht für möglich gehalten hätte.

Ich erkläre also nochmals in aller Deutlichkeit, dass ich das vorliegende Buch mit bestem Wissen und Gewissen, aus lauteren Motiven und meiner Verantwortung gegenüber Kindern bewusst so und nicht anders gestaltet habe, dass ich damit keinerlei Herabwürdigung anders denkender Menschen beabsichtigt und nach meiner Einschätzung auch nicht gestaltet habe, dass ich zu Inhalt und Form dieses Buches stehe und es für ein gelungenes, humorvolles, geistreiches, das freie Denken förderndes und verantwortungsvolles Werk halte.

Ich ersuche Sie daher dringend, in Ihrer Beurteilung des vorliegenden Indizierungsantrages nicht zu vergessen, was eine derartig gravierende Unterstellungskampagne an Vernichtungspotential für die, wie ich meine, völlig zu Unrecht gescholtenen Macher dieses Buches entfesselt. In diesem Punkt sollten die Initiatoren des Prüfungsantrages Ihren eigenen hochgehaltenen Verhaltensmaßstäben nicht selbst in den Rücken fallen, indem sie Menschen mit haarsträubenden Vorurteilen konfrontieren, die geeignet sind, ihnen Respekt und Würde abzusprechen.

6. Stellungnahme des Verlags

Von den im Jugendschutzgesetz angeführten Kriterien für eine Indizierung – Unsittlichkeit, verrohende Wirkung, Aufstachelung zu Gewalttätigkeiten, Verbrechen oder Rassenhass – ist in unseren Augen keines auch nur ansatzweise erfüllt.

Aufstachelung zu Gewalttätigkeiten oder Verbrechen wurde dem Buch von keiner Seite vorgeworfen, dies wäre auch absurd und muss hier nicht weiter behandelt werden. Der Vorwurf der Unsittlichkeit erscheint uns ebenfalls völlig unbegründet. Er könnte sich ohnehin allenfalls gegen die letzte Doppelseite richten; dass aber die bloße Darstellung nackter Menschen (noch dazu mit dem offensichtlichen Ziel, den Leserinnen & Lesern dadurch die Gleichheit der Menschen zu vermitteln) bereits „unsittlich" wirken kann, wäre uns neu.

Eine verrohende Wirkung können wir im Buch nicht entdecken. Die beiden Protagonisten Ferkel und Igel verhalten sich stets freundlich, sie neigen nicht zu heftigen verbalen Attacken oder gar Gewalttätigkeit. An keiner ihrer Aussagen oder Handlungen lässt sich der Vorwurf der „Verrohung" festmachen. Das Ministerium führt auch keine entsprechende Stelle an.

Auch die beiden im Schreiben des Familienministeriums in einem anderen Zusammenhang benannten Textpassagen enthalten, wie wir meinen, keine „verrohend" wirkende Darstellung. Die Wiedergabe der Erzählung von der Sintflut orientiert sich sprachlich weitestgehend an der Darstellung in der Bibel bzw. in aktuell auf dem Markt befindlichen Kinderbibeln (einschließlich der Formulierung der „Vernichtung" der Menschen bzw. allen Lebens). Da die Vorlagen nach unserem Kenntnisstand zu keinem Zeitpunkt aufgrund möglicherweise verrohender Wirkung Gegenstand eines Verfahrens vor der Bundesprüfstelle waren, ist für uns nicht nachvollziehbar, warum die betreffende Doppelseite in *Wo bitte geht's zu Gott? fragte das kleine Ferkel* in dieser Weise wirken sollte – zumal die bildliche Umsetzung der schrecklichen Erzählung sehr zurückhaltend ist. Auch das zweite angeführte Bild, auf dem die Vertreter der drei Religionen miteinander raufen, hat in unseren Augen keinerlei Tendenz zu Brutalität (es erinnert eher an eine Kissenschlacht). Die Darstellung geht in keiner Weise über das hinaus, was Kinder & Jugendliche aus Comics (z.B. Asterix) oder Zeichentrickserien (z.B. Tom und Jerry) kennen. Unzählige Publikationen, die Gewalt deutlicher abbilden, waren, soweit wir ermitteln konnten, nie Gegenstand eines Verfahrens vor der Bundesprüfstelle. Insofern kann, wenn für alle Medien das gleiche Maß angelegt wird, aus diesen beiden Stellen keine verrohende Wirkung, die eine Indizierung des Ferkel-Buches rechtfertigen würde, abgeleitet werden.

Lediglich einen einzigen Vorwurf bemüht sich das Ministerium argumentativ zu untermauern: Frau Schuster meint, einen Anreiz zum „Rassenhass“ zu erkennen, insbesondere „antisemitische Tendenzen“, was sie an der Darstellung des Rabbis resp. der Tatsache, dass die Sintflut-Geschichte vom Vertreter des jüdischen Glaubens erzählt wird, festmacht. Der jüdische Glaube, so steht es in der Begründung (S. 2), werde „durch die bildliche Darstellung und die Charakterisierung der Person des Rabbi verächtlich gemacht“.

Dies wäre (unabhängig davon, dass für eine Indizierung eine „gesteigerte, über eine bloße ... Verachtung hinausgehende feindselige Haltung“ erforderlich wäre) ein schwerer Vorwurf – wenn er denn zuträfe.

Doch der zentrale Denkfehler der Argumentation liegt darin, dass Frau Schuster nicht zwischen einer Kritik eines Bekenntnisses und der Ablehnung einer Menschengruppe aufgrund (vermeintlicher) kollektiver Eigenschaften unterscheidet. Ein Bekenntnis, also eine Position, die von einer Person tatsächlich und bewusst vertreten wird, kann auf einer sachlichen Ebene (Fragen nach Historizität, inhärentem logischen Gehalt, Konsequenzen) Kritik erfahren, und in der Folge kann die betreffende Person ihre Anschauungen ändern. Die Ablehnung aufgrund (vermeintlicher) kollektiver Eigenschaften gründet auf Ressentiment; sie kann argumentativ nicht entkräftet werden und da es – nach dieser Auffassung – nicht im Belieben des Individuums steht, über die Zugehörigkeit zu jener Gruppe zu verfügen, eröffnet sich auch keine Möglichkeit der Veränderung. Frau Schuster scheint diese grundlegende Unterscheidung implizit in Abrede zu stellen. Wer jedoch, wie offenbar auch die Autoren des angeführten juristischen Kommentars, die Unterschiede zwischen Religion und dem Konstrukt „Rasse" nicht kennt, kann in dieser Debatte keinen ernstzunehmenden Beitrag leisten. Im nächsten Abschnitt führen wir diese Einschätzung im Einzelnen aus.

Es kann aber auch keine Rede davon sein, dass die jüdische Religion signifikant negativer als die anderen Religionen dargestellt werden. Allein die Tatsache, dass Kindern im deutschsprachigen Raum die tatsächlich menschenverachtende, grausame und mitleidslose Sintflut-Geschichte als christliche Überlieferung begegnet, spricht nach unserer Meinung gegen die These, die jüdische Religion (und schon gar nicht diese ausschließlich) werde hier mit diesen Eigenschaften belastet. Auf diesen Punkt gehen wir im übernächsten Abschnitt ausführlicher ein.

Der Hinweis darauf, dass die Darstellung der raufenden Religionsvertreter das „Bild vermittelt, wonach Juden ihren Glauben auch mittels Gewalt durchsetzen und das Bestreben haben, alle anderen Religionen zu vernichten", zeigt die augenscheinlich absichtliche bösartige Verfälschung der Aussage des Buches in der Antragsbegründung. Denn aus dem Text geht eindeutig hervor, dass der handfeste Streit vom Bischof begonnen wird. Die Ausführung, dass der Rabbi den Bischof mittels eines auf den Mund gedrückten Papiers zu ersticken beabsichtige, ist absurd und wird bereits von Kindern als nicht der Realität entsprechend erkannt.

Auch die Verallgemeinerung vom abgebildeten (ultra-) orthodoxen Rabbi auf alle (gläubigen) Juden, die der oben zitierte Satz vornimmt, findet sich im Buch nicht. Der Rabbi ist durch Kleidung und Haartracht als Vertreter einer bestimmten Auslegung der jüdischen Religion gekennzeichnet. Auch wenn Kinder möglicherweise noch nicht en detail verstehen, worin die Spezifika des (ultra)orthodoxen Judentums liegen, erkennen sie unweigerlich, dass der Rabbi nicht für alle Juden steht. Denn von den Juden, die sie kennen, denen sie vielleicht während eines Urlaubs in Israel begegnet sind oder die sie im Fernsehen gesehen haben, schaut die ganz überwiegende Mehrzahl nicht aus wie der Rabbi und vertritt auch nicht dessen Positionen.

Fazit: Bei einer sachlichen Prüfung der Behauptungen des Hauses von der Leyen erweisen sich diese als absolut unbegründet (die Formulierung „scheinen die Verfasser ... zu suggerieren“ deutet in unseren Augen darauf hin, dass Frau Schuster ihre Herleitung selbst nicht für sonderlich tragfähig hält). Nur durch theoretische Fehlleistungen, realitätsferne Interpretationen der Bilder und Verfälschung der Aussage des Textes lässt sich das Buch *Wo bitte geht's zu Gott? fragte das kleine Ferkel* mit dem Vorwurf der Aufstachelung zum Rassenhass in Verbindung bringen. Für die Behauptung, es liege eine „gesteigerte, über eine bloße ... Verachtung hinausgehende feindselige Haltung“ gegenüber (gläubigen) Juden vor, legt das Ministerium überhaupt keinen Beweis vor. Alles in allem wird in unseren Augen keines der für eine Indizierung erforderlichen Kriterien im Buch nachgewiesen.

Zum Vorwurf des Antisemitismus und Rassismus

Religionskritik zielt auf die Emanzipation des Individuums. Der einzelne Mensch soll in die Lage versetzt werden, sich von falschen Vorstellungen, zu denen er sich bislang bekannt hat, zu lösen. Die Abkehr vom religiösen Kollektiv eröffnet die Möglichkeit, seine Identität nun selbstbestimmt zu definieren. (Dass dies alles innerhalb eines bestimmten, von den ökonomischen Verhältnissen geprägten Rahmen abläuft, Selbstbestimmung somit nicht völlig voraussetzungslos stattfindet und auf der individuellen Ebene psychologische Faktoren zu berücksichtigen sind, ist uns bewusst, spielt aber für die hier behandelte Frage keine zentrale Rolle.)

Antisemitismus und Rassismus gehen von einer völlig anderen Grundlage aus: der Mensch wird einem konstruierten Kollektiv (z.B. „Volk“) fest zugeordnet. Nach dieser Auffassung ist der Einzelne nicht durch ein Bekenntnis, sondern durch „Wesen“ oder „Blut“ mit der Gemeinschaft verbunden. Sie zu verlassen, wird als unmöglich angesehen, es steht nicht im Belieben des Individuums, in dieser Frage über sich selbst zu verfügen.

Wo bitte geht's zu Gott? fragte das kleine Ferkel steht nach unserer Auffassung in der Tradition der emanzipatorischen Religionskritik. Es fordert Kinder dazu auf, Heilsangebote kritisch zu hinterfragen, und bestärkt Kinder, die ohne Religion aufgewachsen sind, in ihrem Selbstbewusstsein, nicht weniger wert zu sein als Kinder „mit Gott“. Religion wird als Einstellung („Bekenntnis“) beschrieben, nicht als Wesenszug eines Menschen bzw. ganzer Kollektive. Das letzte Bild im Kinderbuch vermittelt, nach unserer Einschätzung unmissverständlich, die Idee, dass alle Menschen grundsätzlich gleich sind. Dort stehen auch die Vertreter der Religionen – ihrer Insignien weitgehend entkleidet –, eingereiht in die Menschheit. Dass sie dort stehen, verdutzt eher sie als die anderen, die sie offenbar freundlich aufgenommen haben; es kann keine Rede davon sein, dass sie „dämonisiert“ werden. Voraussetzung dafür ist freilich, dass die Vertreter der Religionen sich als Gleiche unter Gleichen ansehen und auf den Anspruch verzichten, über eine höhere Moral zu verfügen, die sie anderen ggfs. auch überstülpen dürfen.

Von einer „Hetze gegen Juden“[1] kann auch deshalb bei einer fairen Beurteilung von *Wo bitte geht's zu Gott? fragte das kleine Ferkel* nicht gesprochen werden, weil im Buch „die Juden“ als Gruppe überhaupt nicht vorkommen. Dargestellt wird lediglich eine von einem (ultra)orthodoxen Rabbi vorgetragene religiöse Position – zu der sich ein Mensch bekennen kann oder eben nicht. Der Rabbi glaubt offensichtlich an Wahrheit und Wert seiner Aussage; Ferkel und Igel hingegen sind nicht überzeugt und erfreuen sich an der Vorstellung, dass die Menschen sich Götter wohl nur einbilden. Dass der Rabbi darüber in Rage gerät, halten wir für eine nachvollziehbare, durchschnittliche menschliche Reaktion (die er übrigens mit seinen beiden Kollegen teilt), die den Mann in keiner Weise umfassend disqualifiziert oder stigmatisiert und schon gar nicht „die Juden“.

An dieser Stelle erlauben wir uns den Hinweis, dass die Anerkennung der Juden als gleichwertige Bürger in Europa untrennbar mit der Kritik der Deutungshoheit des Christentums verbunden ist. Der Abbau der Diskriminierung der jüdischen Bevölkerung war nicht Ergebnis eines „interreligiösen Dialogs“, sondern eine Folge der Säkularisierung.

Zur Auswahl der Sintflut-Erzählung

Auch in der Auswahl der Erzählung von der Sintflut können wir kein antijudaistisches Vorurteil erkennen. Denn die Geschichte von der Arche Noah begegnet Kindern in Deutschland in der Regel als Teil der Bibel, die von beiden christlichen Kirchen „in ihrer Ganzheit mit allen ihren Teilen als heilig und kanonisch“ angesehen wird.[2] Folglich wird sie nach unserer Einschätzung von ihnen nicht als Teil der jüdischen, sondern der christlichen Überlieferung wahrge-

---

1 so u. a. der Religionspädagoge Albert Biesinger in einem KNA-Interview, http://www.domradio.com/default.asp?ID=38212 (Zugriff im Februar 2008)

2 2. Vatikanisches Konzil, Dogmatische Konstitution über die göttliche Offenbarung, 1965

nommen; die meisten Kinder dürften die Geschichte längst kennen, bevor sie *Wo bitte geht's zu Gott? fragte das kleine Ferkel* in die Finger kriegen.

Der Vorwurf, Kindern werde mit dieser Passage Angst eingeflößt, erscheint uns ebenfalls nicht stichhaltig. Ferkel und Igel – durch deren Perspektive Kinder die Geschichte wohl rezipieren werden – reagieren nur kurz erschrocken und erbost; schnell kommen sie darauf, dass die Menschen sich Gott vielleicht nur einbilden und damit auch die „Sintflut" nie stattgefunden hat. Das entsprechende Bild zeigt, wie sich die beiden selbst als Götter halluzinieren, und dabei sehen sie eher amüsiert als verängstigt aus.

Die „Botschaft" an die Kinder lautet also: vor dem in der Sintflut-Erzählung auftretenden Gott musst du keine Angst haben, auch wenn Schreckliches von ihm berichtet wird, denn es handelt sich um eine Gruselgeschichte. Die Vorstellung, dass eine nennenswerte Anzahl an Kindern erst über das Ferkel-Buch mit der Sintflut-Erzählung in Berührung kommen könnte, ist angesichts der medialen Präsenz der Kirchen, Dutzender Kinderbibeln, Religionsunterricht an öffentlichen Schulen usw. usf. nicht nachvollziehbar. Insofern müsste sich, wenn das Familienministerium die Sintflut-Geschichte für „sozial-ethisch desorientierend" hält, der Blick auf den Originaltext richten und nicht auf ein Buch, das Kindern zeigt, wie sie sich kritisch damit auseinandersetzen können.

Zum Vorwurf, Religion werde lächerlich gemacht

Der Vorwurf, Religion werde im Ferkelbuch lächerlich gemacht, geht schon deshalb fehl, weil in Deutschland die Mehrzahl der Menschen, ja sogar der Kirchenmitglieder, die zentralen Aussagen der etablierten Religionen längst nicht mehr ernst nimmt. Selbst an einen persönlichen Gott – die Grundlage des christlichen Glaubens – glauben nur noch 36% der Mitglieder in der katholischen Kirche und 23% der Mitglieder in einer evangelischen Kirche (ohne Freikirchen,

Zahlen: ALLBUS 2002). An die Auferstehung von den Toten glauben noch 41% der Katholiken, an ein Leben nach dem Tod noch 56% (bei den Unter-30-Jährigen sinken die Werte auf 27% bzw. 50%; Zahlen: Allensbach Archiv, IfD-Umfrage 4263). Insofern haben die Menschen längst eine stille Abkehr von diesen Aussagen vollzogen.

Das Buch macht Religion also nicht lächerlich, es macht sich lustig über Religionen, die aus über 1500 Jahre alten Texten ihre moralischen Vorstellungen und teilweise sogar Handlungsanweisungen fürs alltägliche Leben ableiten wollen. Dies halten wir im Wettstreit der Ideen für legitim. Warum es für die Entwicklung eines Kindes abträglich sein sollte, über jemanden, der sich als Autorität aufspielt, zu lachen, wenn es diesen bei einem Denkfehler ertappt, können wir nicht sehen.

Zum Vorwurf „Hassbuch"

Diesen Vorwurf weisen wir als reine Projektion zurück. An keiner Stelle des Buches reagieren die beiden Protagonisten mit Hass auf die Vertreter der Religion. Sie machen sich lustig über deren Auffassungen und am Ende nehmen Ferkel & Igel sie nicht mehr ernst. Inwiefern die Ablehnung, sich widerspruchslos missionieren zu lassen, „Hass" sein soll, ist für uns nicht nachvollziehbar. Wer solch eine Position vertritt, untergräbt ein wesentliches Menschenrecht: die negative Religionsfreiheit.

In diesem Zusammenhang betonen wir, dass sich das Buch über die religiösen Vorstellungen lustig macht, keineswegs jedoch Menschen aufgrund ihres „Wesens" lächerlich macht. Die in den Medien stellenweise angeführte Behauptung, das Buch mache Christen usw. per se verächtlich und könne deshalb dazu führen, dass Kinder diese gesamte Personengruppe in aggressiver Weise ablehnen, weisen wir zurück. Die hinter dem Vorwurf stehende Vorstellung, dass Person und Position nicht zu trennen seien, zerstört eine der Grundlagen der demokratischen Gesellschaft: die Idee einer

Öffentlichkeit, in der um das bessere Argument gerungen wird. *Wo bitte geht's zu Gott? fragte das kleine Ferkel* bezieht eine religionskritische Position, die auf die Emanzipation des Einzelnen gerichtet ist. Ferkel und Igel lehnen die religiösen Angebote ab, nachdem sie diese anhand einzelner Aussagen geprüft haben, und können ihre Entscheidung, keine der Religionen zu übernehmen, begründen.

Zum Vorwurf der Intoleranz

„Intoleranz" bedeutet nach dem Duden Fremdwörterbuch „Unduldsamkeit (gegenüber einer anderen Meinung, Haltung, Weltanschauung)". Die beiden Protagonisten des Kinderbuches verhalten sich aber überhaupt nicht unduldsam gegenüber anderen Weltanschauungen. Sie möchten sie allerdings auch nicht übernehmen. Ihre Reaktion auf die Begegnungen mit den Religionen ist eine geradezu vorbildlich tolerante: nachdem sie erkannt haben, dass die Angebote für sie nicht in Frage kommen und eine Diskussion über diese Fragen mit gewissen Hindernissen beladen erscheint, beschließen sie, dass es wohl am besten sei, getrennte Wege zu gehen. Die beiden bleiben in ihrer „Welt" (in gesellschaftliche Termini übersetzt vielleicht „Milieu"), die Religionen bleiben auf ihrem „Tempelberg". Warum liegt hier Intoleranz vor?

Toleranz kann nicht die Verpflichtung bedeuten, für religiöse Mission offen zu sein, noch ist es intolerant, Angebote kritisch zu hinterfragen. In Deutschland heißt „Toleranz" für Konfessionslose zwar, dass sie in vielen Bundesländern im Kindesalter in einen zwangsweisen Ethikunterricht gesteckt werden (also von staatlicher Seite als ethisch minderbemittelt angesehen werden) oder dass sie in einigen Regionen der Republik im sozialen Bereich keinen Arbeitsplatz finden (weil die Einrichtungen in kirchlicher Trägerschaft betrieben werden und dort das Arbeitsrecht nicht gilt). Aber dass dieser Zustand ein Vorbild an Toleranz sei, bestreiten wir.

Fazit
In *Wo bitte geht's zu Gott? fragte das kleine Ferkel* begegnen Kinder Werten wie Selbstbewusstsein, Skepsis oder Toleranz – zentrale Werte der Aufklärung. Dass das Familienministerium darin eine sozial-ethische Desorientierung sieht, spricht nicht gegen das Buch, sondern gegen das intellektuelle Klima im Hause von der Leyen.

Von der Bundesprüfstelle erwarten wir, dass sie unabhängig auf der Grundlage der Fakten entscheidet und sich nicht für eine Durchsetzung des „Bündnisses für Erziehung" instrumentalisieren lässt. Gegen den in verleumderischer Absicht vorgetragenen Antisemitismus-Vorwurf werden wir uns, unabhängig vom Ausgang dieses Verfahrens, über den Tag hinaus sehr entschieden zur Wehr setzen.

Gunnar Schedel, Alibri Verlag

7. Stimmen zum Buch (Auswahl)

Der Indizierungsantrag des Familienministeriums ist lächerlich! Das Buch ist auf keinen Fall antisemitisch! Antisemitismus zeichnet sich vor allem dadurch aus, dass speziell Juden angegangen werden. (…) Und hier macht sich einer über die drei großen Religionen lustig, und das ist völlig okay. Was den Rabbi angeht: Es gibt solche Rabbis natürlich! Genauso, wie es solche Pfaffen gibt. Und in der Tat kommen die klassischen Merkmale der Stürmer-Karikatur in diesem Buch nicht vor. (...) So wie atheistische Eltern mit der Existenz von Millionen von Kinderbibeln leben müssen, so müssen gläubige Eltern auch mit der Existenz dieses Buches leben. (...). Komischerweise werden immer Leute, die nicht glauben, nicht in die gleichen Rechte gesetzt wie Leute, die glauben (…) Bei einem solchen Buch ist es das Grundrecht der Eltern, der Kinder und der Autoren, sich über Religion lustig zu machen. Das kann man gar nicht oft genug wiederholen!

Henryk M. Broder, jüdischer Schriftsteller und Journalist, in Deutschlandradio Kultur am 8. Februar 2008

Das kleine Ferkel öffnet Kindern die Augen über die „drei großen Weltreligionen“, damit sie später schwerer zu dogmatisieren sind, religiös und politisch. Der Staat sollte den Autoren des Buches für ihre staatsfördernde und Demokratie sichernde Maßnahme dankbar sein, statt sie zu bestrafen.

Was, bitteschön, soll es heißen, wenn das Bundesfamilienministerium behauptet, der Rabbi werde „mit den stereotypischen Merkmalen eines streng orthodoxen Juden in negativer Weise“ dargestellt? Mit den stereotypischen Merkmalen eines streng orthodoxen Juden sind doch wohl die

Schläfenlocken und der schwarze Hut gemeint. Da seit dem Holocaust „durchschnittliche Deutsche“ keine orthodoxen Juden mehr auf Deutschlands Straßen sehen, empfinden sie offenbar einen Pejesnik (Schläfenlocken Tragenden) mit Hut als bedrohlich!! Hier zeigt sich die Befangenheit, ja: der verdrängte, unbearbeitete Antisemitismus eines Ministeriums, das aus „durchschnittlichen Deutschen“ besteht und dem die Beurteilung von Antisemitismus schlicht abgesprochen werden muss!

Das beweisen auch die Bemerkungen zum Thema ‘Sintflut’ im Indizierungsantrag. Klar ist, dass die Schriften aller drei erwähnten Religionen bezüglich der Sintflut mit dem Ferkel-Text übereinstimmen. Mehr noch: Aus der Sicht gläubiger Juden, Christen und Muslime ist der Versuch des Ministeriums, die Darstellung der göttlichen Sintflut-Strafe als „antisemitisch“ zu bewerten, reine Blasphemie! Ich bin gerne bereit, mich an Opus Dei und den Vatikan zu wenden, damit sie diesen Standpunkt verteidigen. Wo kommen wir denn hin, wenn sich eine untergeordnete staatlich Stelle in Deutschland anmaßt, Teile der Bibel zu kritisieren und diese als antisemitisch einzuordnen?! Ich hoffe auf ein Einwirken der katholischen Kirche auf diese staatliche Institution mit der Androhung des Bannfluches!

Infam ist nicht zuletzt die Argumentation des Ministeriums, die Vertreter der anderen Religionen würden „eher tölpelhaft und dumm“ dargestellt, während die Verfasser angeblich suggerieren möchten, „dass die jüdische Glaubensgemeinschaft andere Religionsgemeinschaften vernichten“ will. Was ist das für eine Argumentation?! Wäre der Rabbi eher tölpelhaft und dumm dargestellt worden und die beiden anderen nicht, hätte man die Verfasser wohl ebenfalls des Antisemitismus bezichtigt. Und wenn alle drei Religionsführer als gleichermaßen tölpelhaft und dumm dargestellt worden wären, hätte das Ministerium sicherlich auch noch irgendeinen Vorwand gefunden, um den Verfassern Antisemitismus unterstellen zu können. Eine solche Denkstruktur ist den Juden aus der Geschichte bekannt. Egal, was sie tun oder unterlassen, sie werden beschuldigt und verfolgt. Diese antisemitischen Regeln hat das Ministerium offenbar verinnerlicht. Und das zeigt sich just in dem Moment am deutlichsten, in dem das Ministerium vorgibt, uns Juden beschützen zu wollen …

> Dr. Nathan Warszawski, jüdischer Arzt und Publizist (*Der jüdische und der nicht-jüdische Antisemitismus. Der Jude als Menschenopfer*)

Natürlich ist der Ansatz von Schmidt-Salomon und Nyncke gewagt. Aber schon vor Monaten, als ich die ersten Entwürfe zu dem Buch sah, lautete mein Urteil: „als Gegengift zu religiöser Indoktrination von Kindern pädagogisch besonders wertvoll!“ Schauen Sie sich doch einmal an, was den Kindern in unseren Kindergärten und Schulen sowie in vielen Elternhäusern beigebracht wird! Die Gefahren einer religiösen Erziehung werden meist gewaltig unterschätzt. Eine solche Erziehung kann die kognitiven Fähigkeiten durch Denktabus, die emotionale Entwicklung durch Schuldgefühle und Ängste, die Beziehung zum eigenen Körper durch überholte Moralvorstellungen beschädigen. Hinzu kommt die Gefahr der Induktion von destruktiven Vorurteilen und die Anstachelung zur Diskriminierung Anders- und Ungläubiger. Da ist Aufklärung in einer frühen Entwicklungsphase schon sehr hilfreich, vor allem wenn sie so humorvoll daherkommt wie in diesem Buch von Nyncke und Schmidt-Salomon! Denn wer gelernt hat, mit Ferkel und Igel über die Drohungen und Verheißungen der Religionen zu lachen, der wird Hass- und Heilspredigern so schnell nicht auf den Leim gehen. Die Grundaussage des Buchs ist doch: Wir Menschen sind alle gleich, Gläubige wie Ungläubige – auch wenn ein paar „Leute in lustigen Gewändern“ das nicht wahrhaben wollen! Das ist eine sehr schöne, positive Aussage, die auch Kinder gut verstehen können. Den Verweis auf Andersens Märchen

„Des Kaisers neue Kleider" am Schluss des Buches finde ich in diesem Zusammenhang provozierend, aber naheliegend. Das ist Aufklärung in bester Tradition!

> Prof. Dr. Peter Riedesser, Direktor der Universitätsklinik für Kinder- und Jugendpsychiatrie und Psychotherapie am Universitätsklinikum Hamburg-Eppendorf in einem Interview des Humanistischen Pressedienstes (hpd-online, 20.8.2007)

Hier in Deutschland sind die meisten Kinder früh dem Einfluss der Religion ausgesetzt: Sie werden, ungefragt, meist wenige Tage nach ihrer Geburt getauft und so mit einem Etikett versehen, das die meisten von ihnen ein Leben lang tragen. Lange bevor sie imstande sind, Geschichten und Aussagen auf ihren Wahrheitsgehalt oder ihre Plausibilität zu prüfen, werden sie in den Krabbelgottesdienst mitgenommen und hören in konfessionell geleiteten Kindergärten Geschichten wie die von der Sintflut oder von der beinahe vollzogenen Opferung Isaaks durch seinen Vater und vom entsetzlichen „Opfertod" Jesu, und sie lernen früh, dass das nicht einfach nur Geschichten, sondern dass sie exemplarisch sind auch für ihr eigenes Leben. (...) Je nach Intensität der Vermittlung dieser Botschaft und je nach der Sensibilität des Kindes können daraus massive Schuldgefühle erwachsen, die eine (...) fatale Auswirkung auf seine Entwicklung haben (...) Schuldgefühle sind denkbar schlechte Hilfen beim Erwerb von emotionalen, kognitiven und sozialen Kompetenzen. Sie beschädigen das Selbstbewusstsein des Kindes, machen es manipulierbar und können zu Depressionen und psychosomatischen Störungen führen. (...) Religiöse Erziehung birgt also die Gefahr, dass Kinder in einer – frei nach Kant – „nicht selbst verschuldeten Unmündigkeit" verharren, aus der sie sich später nur mühsam in einem langwierigen Prozess befreien können, wenn sie das überhaupt schaffen.

Die beiden Hauptfiguren des Kinderbuches, das kleine Ferkel und der kleine Igel, haben das in unserer Gesellschaft seltene Glück, dass sie mit religiösen Aussagen erst auf einer Stufe ihrer Entwicklung konfrontiert werden, auf der sie in der Lage sind, diese durch eigenes Handeln und ohne Angst zu prüfen. Sie lassen Repräsentanten derjenigen Institutionen zu Wort kommen, die diese Behauptung vertreten und überprüfen deren Antworten auf ihre Plausibilität. Sie handeln also so, wie man es von „eigenverantwortlichen und gemeinschaftsfähigen Persönlichkeiten" erwarten würde.

Dipl. Psych. Axel Verderber, Autor (*Aufrüstung der Seelen. Militärpsychiatrie und Militärpsychologie in Deutschland und Amerika*)

Mit großer Betroffenheit habe ich erfahren, dass das Familienministerium offenbar plant, das Kinderbuch *Wo bitte geht's zu Gott? fragte das kleine Ferkel* als angeblich jugendgefährdende Schrift indizieren zu lassen. Darüber bin ich sehr empört, da aus meiner Sicht keine Rede davon sein kann, dieses äußerst intelligente und humorvolle Buch des Autors Dr. Michael Schmidt-Salomon sei in irgendeiner Weise „jugendgefährdend". In dem hervorragend und witzig illustrierten Buch wird Kindern vermittelt, dass dogmatische und intolerante Religiosität in der Tat ein schlimmes Problem darstellt. Dabei wird aus der logischen Absurdität und teilweise auch ethischen Perversion (sic) bestimmter religiöser Anschauungen kein Hehl gemacht. Keineswegs werden jedoch religiöse Menschen pauschal abgewertet.

Als Psychiater und Psychotherapeut hatte ich schon oft mit Menschen zu tun, die durch dogmatisch-intolerante Religionserziehung in ihrer seelischen Entwicklung in schwerster Weise gestört wurden, – mit oft genug fatalen Konsequenzen für deren psychische Gesundheit. Aus diesem Grunde würde ich mir wünschen, dass ein Buch wie das „kleine Ferkel", welches Kinder dazu befähigt, sich von ebenso haltlos-unsinnigen wie seelisch destruktiven Behauptungen bestimmter Religionsvertreter (Stichwort: „Hölle“) kritisch abzugrenzen, eine viel weitere Verbreitung fände. Ein Verbot hingegen wäre aus meiner Sicht ein schlimmer und für jeden humanistisch denkenden Menschen unakzeptabler Affront!

Dr. med. Michael Seeber, Facharzt für Psychiatrie und Psychotherapie, in einem Schreiben an Bundeskanzlerin Angela Merkel (7.2.2008)

Welche Vorwürfe nun immer gegen das gut gemachte und gefällig illustrierte Buch erhoben werden, sei es nun der des Antisemitismus, der der Islamfeindlichkeit oder der der Beleidigung religiöser Gefühle – sie alle sollen davon ablenken, dass das Buch in kindgerechter Weise den Urgrund aller Religion aufdeckt – die Angst und mit ihrer Benutzung die Herrschaft der Priester, Rabbiner und Muftis und sonstiger Religionsfunktionäre über die anderen Menschen. Denn, wenn man den Menschen schon im Kindesalter die Angst vor Gott ebenso wie vor Gespenstern und anderen bösen Mächten nimmt, dann werden sie als Erwachsene nicht mehr so leicht zu gefügigen Werkzeugen irgendwelcher Ideologien und Religionen gemacht werden können. Wenn daher Bücher wegen jugendgefährdender Inhalte verboten werden sollten, dann religiös indoktrinierende, weil sie die freie Entfaltung der Persönlichkeit behindern oder sogar verhindern.

Dr. Anton Szanya, Historiker, wissenschaftlicher Mitarbeiter des Österreichischen Volkshochschularchivs

Glaube an Gott oder Nichtglaube an Gott sind mögliche und legitime Weisen des Sich-Verhaltens zu Religion. Erziehung zum Nichtglauben (Atheismus) ist ebenso legitim wie Erziehung zum Glauben an einen Gott (Theismus). So wenig wie die vielen religiösen Kinderbücher ist auch das Buch *Wo bitte geht's zu Gott? fragte das kleine Ferkel* ein wissenschaftliches Werk, das die Religion(en) neutral (d. h. ohne Absicht) beschreiben will. Dennoch kann man auch von einem pädagogisch verstandenen Buch verlangen, dass die dargestellten Religionen richtig dargestellt werden. (…) Hat das Büchlein *Wo bitte geht's zu Gott? fragte das kleine Ferkel* Unwahres über die drei monotheistischen Religionen berichtet? (…) Es ist ein leichtes Unterfangen, an allen Stellen des Büchleins nachzuweisen, dass die Autoren (Zeichner) sich immer auf unbezweifelbare Aussagen bzw. Textpassagen der behandelten Religionen beziehen. Sie haben nichts verfälscht, nichts erfunden. Sie haben lediglich nicht ausgewogen dargestellt. Diesen Mangel (wenn es denn einer ist) teilen sie mit der Menge der religionsaffirmativen Bücher (auch Kinderbücher), die beispielsweise nur die mit einer Liebesethik vereinbaren Jesusworte berichten, nicht jedoch die Gerichtsandrohungen Jesu, die im selben Evangelium stehen.

Prof. Dr. Günter Kehrer, Religionswissenschaftler, Universität Tübingen

Michael Schmidt-Salomon kann man freilich unterstellen, dass er beim Schreiben des Buches nicht zuerst an Lehrpläne dachte, sondern dass er eine Provokation landen wollte – der sich allerdings bisher kaum jemand stellen wollte: „Die entscheidende Frage ist jedoch: Ist es 'Indoktrination', wenn man Kinder in humorvoller Weise über die fehlende Logik und die Absurditäten der traditionellen Glaubenssysteme aufklärt?", fragt er und behauptet, dass Kinder ein Recht auf Aufklärung hätten. In der Tat werden in dem Buch ja Glaubensgeschichten der Religionen auf's Korn genommen – wie die Sintflutgeschichte und der Sühnetod Jesu – die auch viele erwachsene Gläubige nicht mehr nachvollziehen können. Kindern aber mutet man die religiösen Traditionen in Kinderbüchern und Unterricht noch immer zu. Die Kirchen hätten die Auseinandersetzung aufgenommen, wenn sie erklären könnten, warum und wie man Kindern die Sintflutgeschichte erzählen sollte und wie man Kommunionkindern das Abendmahl aufgeklärt nahe bringen kann.

Christoph Fleischmann, freier Journalist, Radio-Moderator (WDR) und Diplom-Theologe

Ich habe das Buch mit meiner Familie in einer sehr bedrückenden Situation gelesen, denn kurz zuvor war eine Morddrohung von fanatischen Muslimen bei uns eingegangen. Wir waren deshalb sehr besorgt und auch ein wenig niedergeschlagen, als wir zu lesen begannen, doch während der Lektüre des Ferkelbuchs hellte sich unsere Stimmung schlagartig auf. Ach, was haben wir über die lustigen Abenteuer des kleinen Ferkels, seine klugen Fragen und Schlussfolgerungen gelacht! Ich kann das Buch nur jedem empfehlen, der sich kritisch mit Religion beschäftigen will, Erwachsenen wie Kindern. Das Buch ist sehr warmherzig, humorvoll, klug. Vor allem sabotiert es die wesentliche Grundlage religiöser Herrschaft: die Angst. Und das macht das kleine Ferkel so gut, dass man sich gar nicht darüber wundern muss, dass manche Vertreter der Religionen das Buch nun verbieten möchten.

Mina Ahadi, Vorsitzende des Zentralrats der Ex-Muslime, Koordinatorin des Internationalen Komitees gegen die Todesstrafe, ausgezeichnet als „Säkularistin des Jahres 2007" (Preisverleihung in London, Oktober 2007)

Meine Tochter (11) hat das Buch ihrer kleinen Schwester (5) vorgelesen. Die Kleine fand bloß die Bilder lustig und kicherte bei den „Nacktszenen". Die Große sagte beim Zuklappen nach Beendigung nur ein Wort: „Cool!"

User „Dr. Benchmark" im Diskussionsforum „Freigeisterhaus", 1.2.08

Oh Mann, was die alles für'n Quatsch dazu erzählen. Wenn man so was aus den Kinderstuben verbannt, und 'ne Bibel hineinstellt, werden die Kinder vollkommen verblödet. Warum soll man die Kinder schon von klein an mit Religion verdummen? Wenn sie erwachsen sind, denken sie dann vielleicht noch, das wäre alles richtig so. Religion (egal welche) ist nun mal von Natur aus Quatsch, da kann man nichts machen. Ich bleibe deinem Buch auf jeden Fall treu. (Das ist nämlich viel schlauer als 'ne Bibel oder so 'ne doofe Ministerin.)

Aus der Mail eines „wütenden Ferkelfans", Björn D., 11 Jahre, an Michael Schmidt-Salomon

Ich wollte dir nur sagen, dass mir dein Ferkelbuch gefällt. Ich finde es schade, dass es verboten werden soll. Ich mag dein Buch, weil es das richtige zeigt, nämlich, (…) dass man prima auch ohne Gott leben kann (...) Und den Schluss finde ich am besten (Das Gedicht kann ich sogar schon auswendig). Und was die nackten Leute angeht, die stören mich nicht, denn das kenne ich ja schon (…)

Lilias B., 8 Jahre, in einem Brief an Michael Schmidt-Salomon

Ich habe meinen beiden Söhnen (5 und 8) dieses Buch zu Weihnachten geschenkt. (…) Der Kleine fand das Buch einfach witzig. Er hat mehrmals gelacht. Besonders bei dem Keks hat er schallend gelacht. Ihm gefielen aber auch die Zeichnungen der Religionsvertreter. Wahrscheinlich, weil sie in ihrer – teilweise durch ein etwas böses Gucken anmutenden – Hässlichkeit mit Spiderman oder Transformer konkurrieren (Figuren, die unser Sohn aus unerfindlichen Gründen liebt). Ich denke, was bei ihm direkt angekommen ist, sind weniger die Inhalte der einzelnen Religionen als die Sache mit dem Gottesglauben an sich. Schweinchen und Igel sind schlau. Die haben das herausgefunden. Und er ist auch schlau. Er glaubt den Hokuspokus auch nicht.

Unserem 8-jährigen gefiel das Buch auch sehr. Er hat es mit Interesse gelesen. Nach Weihnachten war mein Mann mit unseren Söhnen ein paar Tage allein weg. Das Buch war mit. Als sie zurückkamen, überraschte mich mein Sohn mit einem Auswendig-Aufsagen des Reims von der letzten Seite. Dieser Spruch jedenfalls gefällt ihm sehr und er scheint ihm Kraft zu geben, da er sich ja gegenüber seinen Mitschülern behaupten muss…

Mit ihm habe ich das Buch auch – auf seinen Wunsch – mehrfach gelesen. Unser Großer interessiert sich eben eher für die Inhalte. Ich denke, er kann jetzt auch besser die Inhalte dieser Religionen einordnen. Denn die Begriffe „Arche" und „Sintflut", „Hölle", „Jesus" und „Kreuz" hat er ja zwangsläufig in der Schule mitbekommen. Wie verhält es sich aber damit? Was soll das? Ich denke, das Buch hat dazu bei ihm ein realistisches Bild hinterlassen.

Userin „Femina" im Diskussionsforum *Freigeisterhaus*, 7.2.2008

Tja, da ist sie wieder, die unheilige Allianz der Heiligen! Jedes Mal, wenn auf humanistischer oder intellektueller Ebene die unantastbare Allgemeinheit „Glauben" kritisiert wird, tun sich alle zusammen; vom Opus Dei bis zur kleinsten Presbyterkonferenz. Umso erfrischender ist mal eine Literatur für Kinder, die diesen Wahnsinn aufzeigt. Auch die evangelisch-christliche Gesellschaft, in der ich groß geworden bin, ist und war zutiefst todessehnsüchtig, lebensfeindlich, hochgeschlossen, bigott und ausschließlich. Was wäre ich froh gewesen als Kind, hätte ich in meinen Zweifeln eine solche Hilfe, eine Bestätigung für das, was ich gesehen und begriffen hatte, lesen können.

John Kinzlmeier, Hagen, Leserbrief in der taz, 4.2.2008

Das kleine Ferkel, Michael, ich hatte wirklich Bedenken, doch alle sind zerstreut. Du hast den hierfür nötigen Ton erstaunlich gut getroffen, als hättest du dein Leben lang Kinderbücher geschrieben, ja, und wärst selbst Kind geblieben, was in gewisser Weise gut und schön, ja, fast notwendig ist. Nur – „frech“ finde ich es nicht, aber taktisch klug, angemessen. Und das nächste Kinderbuch sollte nicht viel „frecher“ sein. Und genau so gut.

Der Schriftsteller Dr. Karlheinz Deschner (*Kriminalgeschichte des Christentums*, *Kitsch, Konvention und Kunst*) in einem Brief an Michael Schmidt-Salomon (Ende Oktober 2007)

In Feierlaune: Die Verfasser des Ferkelbuchs Michael Schmidt-Salomon (Autor) und Helge Nyncke (Illustrator) freuen sich nach der Rettung des kleinen Ferkels über die „amtliche Bestätigung“, dass „auch Kinder über Religion lachen dürfen“.

8. Zusammenfassende Bewertung des Falls

Wir meinen, in dieser Verteidigungsschrift zweifelsfrei dargelegt zu haben, dass das Kinder- und Erwachsenenbuch *Wo bitte geht's zu Gott? fragte das kleine Ferkel* keineswegs den Bedingungen von § 18 des Jugendschutzgesetzes entspricht. Weder ist das Buch antisemitisch, noch ist es in irgendeiner anderen Weise geeignet, Kinder und Jugendliche sozialethisch zu desorientieren. Im Gegenteil! Führende Experten auf dem Gebiet der Entwicklungspsychologie und der Kinder- und Jugendpsychiatrie halten das Buch sogar für „pädagogisch besonders wertvoll"! Daher erwarten wir eine klare Abweisung des Indizierungsantrags.

Wir halten schon allein die Tatsache, dass es überhaupt zu einem solchen Indizierungsantrag durch das Bundesfamilienministerium gekommen ist, für eine äußerst bedenkliche Angelegenheit. Der gesamte Vorgang dokumentiert, dass sich das Ministerium offensichtlich in einer weltanschaulichen Schieflage befindet, die keineswegs in Einklang mit der von der Verfassung geforderten weltanschaulichen Neutralität des Staates zu bringen ist.[1]

Dies spiegelt sich auch in der Chronologie der Ereignisse wider, die sich für uns folgendermaßen darstellt: Im Oktober 2007 erschien das Buch und fand gleich beachtliche Resonanz. Im Dezember 2007 stand es beim Internet-Buchhändler Amazon meist auf Platz 1 der Bestseller in der Kategorie „religiöse Kinder- und Jugendbücher" (siehe den Screenshot vom 16.12.2007 auf der gegenüberliegenden Sei-

1 zur Begründung und Rechtsproblematik des Neutralitätsgebots siehe u.a. Czermak, Gerhard: Religions- und Weltanschauungsrecht. Eine Einführung. Berlin 2008

te). Dies war einigen Theologen offenbar ein Dorn im Auge, vor allem dem katholischen Theologieprofessor Albert Biesinger (Universität Tübingen), der in seinen Vorträgen gerne darlegt, warum Kinder angeblich Gott/Religion brauchen – exakt die gegenteilige Aussage zum Ferkelbuch. Biesinger war es dann wohl auch, der die Kampagne gegen das Buch ins Rollen brachte. Am 17.12.2007 stellte die Diözese Rottenburg-Stuttgart Strafanzeige wegen Volksverhetzung, was die Betroffenen allerdings erst über die Medien im Februar 2008 erfuhren. Begleitend zum Strafantrag sprach Biesinger (nach Auskunft des Bistums Rottenburg-Stuttgart) mit befreundeten Politikern, und so erfolgte schon vier Tage später, am 21.12.2007, der Indizierungsantrag des Bundesfamilienministeriums.

Wir stellen nicht in Abrede, dass Vertreter der katholischen Kirche das Recht haben, ihre Interessen zu verfolgen (auch wenn die dabei gewählten Methoden in unserem Fall nicht gerade fein waren). Wir halten es aber für überaus problematisch, wenn sich ein deutsches Ministerium so bereitwillig zur Handlangerin religiöser Lobbyisten machen lässt.[2] Eine weltanschaulich neutrale Lektüre des Ferkelbüchleins hätte nämlich notwendigerweise zu einer sofortigen Ablehnung jeglicher Indizierungsversuche führen müssen. Mehr noch: Das Ministerium hätte als Reaktion auf das Begehren der Indizierungsbefürworter postwendend auf die problematischen Züge der traditionellen religiösen Kinderbuchlitera-

2 Diese Anfälligkeit des Ministeriums zeigt sich aktuell auch in der ministerialen Unterstützung des sog. „Christivals“, an dem vornehmlich evangelikale, bibeltreue (= homophobe, von kreationistischen Vorstellungen ausgehende) Jugendorganisationen beteiligt sind. Ursula von der Leyen fungiert hier nicht nur als Schirmherrin der Veranstaltung, sondern unterstützt diese auch mit einem öffentlichen Zuschuss von 250.000 Euro! Kann man sich vorstellen, dass Ursula von der Leyen einem „Humanistival“ ähnliche Zuschüsse gewähren würde? Wohl kaum.

tur hinweisen müssen, die ja in der Geschichte des kleinen Ferkels bloß entschärft werden.

Offenbar war dem Ministerium jedoch nicht bewusst, dass sich in der pädagogisch angeblich so „wertvollen“ religiösen Kinderbuchliteratur zahlreiche traumatisierende Bilder finden lassen, die Kinder nur schlecht verarbeiten können, etwa die grausige Sintflut-Geschichte, die viele Mädchen und Jungen schon im Kindergarten zu hören bekommen. Ebenso wenig wurde dort offenbar problematisiert, dass die in sämtlichen Kinderbibeln enthaltenen kreationistischen Vorstellungen vom „lieben Gott und seiner Schöpfung“ es vielen Menschen später erschweren, die Evolutionstheorie in vollem Umfang zu verstehen.

Bezüglich verrohender, zu Hass aufstachelnder Inhalte hätte das Ministerium nicht zuletzt auch auf die diversen „heiligen Schriften“ der Religionen hinweisen müssen, etwa auf die stete Verunglimpfung von Andersgläubigen, Ungläubigen, Homosexuellen und Frauen in Bibel und Koran. Auch der Antisemitismus findet hier bekanntlich eine seiner wesentlichen Quellen. Ohne die zahlreichen, antijüdischen Ausfälle des Neuen Testaments etwa wäre es wohl nie zu den vielen christlichen Judenpogromen gekommen, von denen die Historiker zu berichten wissen. Hier eine kleine Auswahl jener biblischen Hasstiraden: Im Johannesevangelium heißt es, Jesu selbst habe die Juden mit folgenden Worten verflucht: „Ihr habt den Teufel zum Vater und wollt die Gelüste eures Vaters tun“ (Joh 8,44). Paulus sagt von den Juden: „Diese haben auch den Herrn Jesus und die Propheten getötet und uns verfolgt; sie gefallen Gott nicht und sind allen Menschen feind (…) Doch gekommen ist über sie schließlich der Zorn“ (1 Thess 2, 14-16). Nach dem Matthäusevangelium verflucht sich das jüdische Volk sogar selbst, übrigens eine der in der Nazizeit am liebsten zitierten Bibelstellen: „Sein Blut komme über uns und unsere Kinder“ (Mt, 27,25).

Man muss sich angesichts solcher Bibelstellen nicht über den Judenhass wundern, der sich wie ein roter Faden durch die Geschichte des Christentums zieht. Heißt das nun, dass – statt des kleinen Ferkels – die Bibel auf den Index gestellt werden müsste? Oder auch jener „teure Rat" Martin Luthers? „Darum wisse Du, lieber Christ, und zweifel nichts daran, dass Du, nähest nach dem Teufel, keinen bittern, giftigern, heftigern Feind habest, denn einen echten Juden ... Ich will meinen treuen Rat geben: Erstlich, dass man ihre Synagoge oder Schule mit Feuer anstecke, und was nicht brennen will, mit Erde überhäufe und beschütte, dass kein Mensch einen Stein oder Schlacke davon sehe ewiglich ... Zum anderen, dass man auch ihre Häuser dergleichen zerbreche und zerstöre ..."[3] Muss also Luther auf den Index? Wenn nicht: Warum ausgerechnet die niedliche Geschichte vom kleinen Ferkel?

Fakt ist doch: Was man dem Ferkelbüchlein wirklich beim besten Willen nicht redlich unterstellen kann – Antisemitismus, Aufhetzung zum Hass gegen Andersdenkende etc. –, in den religiösen Schriften der Weltreligionen findet man es zuhauf! Wir leiten daraus nicht ab, dass man diese Schriften unbedingt indizieren müsste (obgleich auf sie die Bedingungen von § 18 des Jugendschutzgesetzes voll zutreffen!). Wir verlangen jedoch eine faire Streitkultur. Eine solche faire Streitkultur müsste vor allem zwei Grundvoraussetzungen erfüllen:

1. Die offiziellen Institutionen des Staates müssen das verfassungsmäßig verankerte Prinzip der weltanschaulichen Neutralität in ihren Entscheidungen berücksichtigen.
2. Journalisten, die durch ihre Arbeit das Bild der Öffentlichkeit wesentlich mitbestimmen, sollten vernünftige Recherchen betreiben, statt blind Fehldeutungen und Verleumdungen weiter zu verbreiten (die fast vollständige Bankrotterklärung des deutschen Journalismus

3 Martin Luther: Von den Juden und ihren Lügen, zitiert nach Czermak, Gerhard: Christen gegen Juden. Geschichte einer Verfolgung, S. 112 f.

im vorliegenden Fall wäre eine eigene Untersuchung wert!).

Der Fall des kleinen Ferkels hat gezeigt, dass Politik und Medien noch immer sträflichst ignorieren, dass ein Drittel der deutschen Bevölkerung bereits konfessionslos ist und dass diese Gruppe von Tag zu Tag anwächst.[4] Die einseitige Privilegierung religiöser Gemeinschaften seitens des Staates[5] wird daher nicht mehr lange aufrechtzuerhalten sein. Vermutlich ist die damit einhergehende Furcht vor gesellschaftlichem Machtverlust einer der Gründe dafür, warum Vertreter der Religionen nun an dem Buch *„Wo bitte geht's zu Gott?"* ein Exempel statuieren wollen.[6] Dass es derartige Ambitionen von religiöser Seite gibt, mag ja verständlich sein. Nicht tolerierbar ist es aber, wenn demokratische Prinzipien im Dienste dieser Interessen geopfert werden sollen.

---

4 vgl. hierzu die empirischen Datenreihen der *Forschungsgruppe Weltanschauungen in Deutschland* (fowid) unter www.fowid.de

5 Diese verfassungsrechtlich problematische Privilegierung zeigt sich in der gesellschaftlichen Praxis auf vielen verschiedenen Ebenen (siehe hierzu u. a. Czermak: Religions- und Weltanschauungsrecht). Sie findet ihren Ausdruck auch in der besonderen Berücksichtigung „verletzbarer religiöser Gefühle". Dass die Weltanschauungen der „Ungläubigen" in den „heiligen Schriften" der Religionen weit stärker herabgewürdigt werden (Höllenandrohung etc.) als die Religionen selbst in den schärfsten religionskritischen Satiren, wird dabei meist übersehen.

6 Während religiöse Institutionen eine Indizierung des Ferkelbuchs begrüßten, stellten sich säkulare Organisationen dem Antrag entgegen. Auf individueller Ebene waren solche Unterschiede weniger stark ausgeprägt: Während es Konfessionslose gab, denen das Buch nicht gefiel (freilich ohne es deshalb gleich indizieren zu wollen!), gab es Kirchenmitglieder, die von dem kleinen Ferkel regelrecht begeistert waren! Möglicherweise war das Wissen um die fehlende Glaubensfestigkeit der eigenen Mitglieder einer der Gründe dafür, warum die Kirchen so gereizt auf die Veröffentlichung des Buchs reagierten.

Hier ist dem amtierenden spanischen Ministerpräsidenten José Luis Rodríguez Zapatero zuzustimmen, der in einem *Spiegel*-Interview mit deutlichen Worten auf das Problem einer zu großen Einflussnahme der Religionen auf staatliche Institutionen hinwies: „Das gesellschaftliche Zusammenleben kann nur in einem laizistischen Staat funktionieren. Wenn Glaubensregeln sich in Gesetze des Staates einmischen, ist Schluss mit der Bürgerfreiheit."

Michael Schmidt-Salomon
Helge Nyncke
Gunnar Schedel (Alibri Verlag) Februar 2008

Literaturverzeichnis

Ahadi, Mina / Vogt, Sina: Ich habe abgeschworen. Warum ich für die Freiheit und gegen den Islam kämpfe. München 2008.

Benz, Wolfgang: Bilder vom Juden. Studien zum alltäglichen Antisemitismus. München 2001.

Die Bibel: Die ganze Heilige Schrift des Alten und Neuen Testaments nach der Übersetzung Martin Luthers. Stuttgart 1972.

Die Bibel: Einheitsübersetzung der Heiligen Schrift. Stuttgart 1980.

Broder; Henryk M.: Hurra, wir kapitulieren. München 2007.

Buggle, Franz: Denn sie wissen nicht, was sie glauben. Oder warum man redlicherweise nicht mehr Christ sein kann. Eine Streitschrift. Aschaffenburg 2004.

Czermak, Gerhard: Christen gegen Juden. Geschichte einer Verfolgung. Reinbek 1997.

Czermak, Gerhard: Religions- und Weltanschauungsrecht. Eine Einführung. Berlin 2008.

Dawkins, Richard: Der Gotteswahn. Berlin 2007.

Deschner, Karlheinz: Kriminalgeschichte des Christentums. Reinbek 1986 ff.

Deschner, Karlheinz: Das Kreuz mit der Kirche. Eine Sexualgeschichte des Christentums. Erweiterte und aktualisierte Neuausgabe. München 1989.

Dessau, Bettina / Kanitscheider, Bernulf: Von Lust und Freude. Gedanken zu einer hedonistischen Lebensorientierung. Frankfurt/Main 2000.

Erne, Thomas: Die große Ravensburger Kinderbibel. Ravensburg 1995.

Feuerbach, Ludwig: Das Wesen des Christentums. Stuttgart 1969.

Frerk, Carsten / Schmidt-Salomon, Michael: Die Kirche im Kopf. Aschaffenburg 2007.

Frick, Jürg: Das Ende einer Illusion. Denkanstösse zu Ethik und Pädagogik der Bibel. Neustadt 1999.

Hamblin, William / Seely, David R.: Salomos Tempel. Mythos und Geschichte des Tempelberges in Jerusalem. Stuttgart 2007.

Hitchens, Christopher: Der Herr ist kein Hirte. München 2007.

Freud, Sigmund: Studienausgabe. Zürich 1977.
Kant, Immanuel: Werke in zehn Bänden. Darmstadt 1983.
Katechismus der Katholischen Kirche. Hrsg. von der Katholischen Kirche (Ecclesia Catholica unter Johannes Paul II., Kommissionsvorsitz: Kardinal Joseph Ratzinger). München 1993.
Der Koran. Übersetzung von Rudi Paret, Kohlhammer Verlag, 7. Auflage, Köln 1996.
Ley, Michael / Schoeps, Julius (Hrsg.): Der Nationalsozialismus als politische Religion. Bodenheim b. Mainz 1997.
Logisch, Theo: Das ist euer Glaube! Strukturen des Bösen im Dogma. Neustadt 1998.
Maclean, Colin / Maclean, Moira: Die Baby-Bibel. München o.J.
Morris, Desmond: Der nackte Affe. München 1968.
Neuner, Josef / Roos, Heinrich / Rahner, Karl et al (Hrsg.): Der Glaube der Kirche in den Urkunden der Lehrverkündigung, Regensburg 1992.
Riggenmann, Konrad: Kruzifix und Holocaust. Über die erfolgreichste Gewaltdarstellung der Weltgeschichte. Berlin 2002.
Rohrbacher, Stefan / Michael Schmidt: Judenbilder. Kulturgeschichte antijüdischer Mythen und antisemitischer Vorurteile, Hamburg 1991.
Schäfer, Julia: Vermessen - gezeichnet - verlacht. Judenbilder in populären Zeitschriften 1918-1933 Frankfurt/M.2005.
Schmidt-Salomon, Michael: Manifest des evolutionären Humanismus. Plädoyer für eine zeitgemäße Leitkultur. Aschaffenburg 2006 (2. Auflage).
Schmidt-Salomon, Michael: „Irgendwie sind wir doch alle Humanisten…“ Über die soziale Verankerung des Humanismus in Deutschland. In: humanismus aktuell 18/2006.
Schmidt-Salomon, Michael: Auf dem Weg zur Einheit des Wissens. Die Evolution der Evolutionstheorie und die Gefahren von Biologismus und Kulturismus. Aschaffenburg 2007.
Watters, Wendell W.: Tödliche Lehre. Neustadt 1995.
Watts, Murray / Cann, Helen: Die große Kinderbibel. Gießen 2007.
Weber, Max: Soziologie. Weltgeschichtliche Analysen. Politik. Stuttgart 1964.
Wensierski, Peter: Schläge im Namen des Herrn. Die verdrängte Geschichte der Heimkinder in der Bundesrepublik. München 2006.

Westerkamp, Dirk: Via negativa. Sprache und Methode der negativen Theologie. München 2006.
Weth, Irmgard / de Kort, Kees: Neukirchener Kinder-Bibel. Neukirchen 2004.
Zander, Hans Conrad: Darf man über Religion lachen? Köln 2005.

Anlage 1: „Meinungsfreiheit auch für Religionskritiker"

Gemeinsame Erklärung der säkularen Verbände Deutschlands, Österreichs und der Schweiz

Bund für Geistesfreiheit Augsburg,
Bund für Geistesfreiheit Bayern,
Bund für Geistesfreiheit Fürth,
Bund für Geistesfreiheit Regensburg,
Bund für Geistesfreiheit Rhein-Neckar,
Bund für Geistesfreiheit München,
Deutscher Freidenker-Verband,
DFV Landesverband Nord,
Forum Kritische Psychologie,
freidenker.at,
Freidenkerbund Österreichs,
Freidenker-Vereinigung der Schweiz,
Freireligiöse Landesgemeinschaft Hessen,
Gesellschaft für kritische Philosophie,
Internationaler Bund der Konfessionslosen und Atheisten,
JungdemokratInnen / Junge Linke Nordrhein-Westfalen,
Die Laizisten - Hochschulinitiative,
Ludwig-Feuerbach-Gesellschaft,
unitates - Unitarische Stiftung,
Deutsche Unitarier Religionsgemeinschaft, Landesgemeinde Hamburg
Verband freier Weltanschauungsgemeinschaften Hamburg,
Zentralrat der Ex-Muslime,

erklären:

„Mit dem Indizierungsantrag gegen das Kinderbuch ,Wo bitte geht's zu Gott? fragte das kleine Ferkel' verstößt das Familienministerium erneut gegen die ihm als staatliche Institution gebotene Neutralität. Der Antrag gegen das Buch ist ein Versuch der weltanschaulichen Zensur. Das Ministerium versucht, religionskritische Kinderliteratur aus den Buchläden zu verbannen.

Der Staat darf sich nur bei objektiver Gefährdung von Kindern und Jugendlichen einschalten, hier liegt aber keine Gefährdung vor. Das Buch erfüllt kein einziges Kriterium für Indizierungen nach § 18 Jugendschutzgesetz. Der Antisemitismusvorwurf ist offenbar ein Vorwand für die Durchsetzung christlicher Erziehung seitens des Familienministeriums. Areligiöse Beeinflussung ist genauso wenig wie eine vermeintlich oder tatsächlich mangelnde Qualität eine legitime Begründung für eine Indizierung.

Meinungsfreiheit muss für alle gelten, auch für Religionskritiker. Wir fordern von der Bundesprüfstelle die Ablehnung des Antrages und vom Familienministerium eine öffentliche Zurücknahme der darin enthaltenen unberechtigten und rufschädigenden Vorwürfe gegenüber den Verantwortlichen für das Kinderbuch."

Hintergrund:
Das Familienministerium unter Ministerin Ursula von der Leyen hat bei der Bundesprüfstelle für jugendgefährdende Medien beantragt, das Kinderbuch ,Wo bitte geht's zu Gott? fragte das kleine Ferkel' von Michael Schmidt-Salomon und Helge Nyncke zu indizieren. Zur Begründung dessen wurde behauptet, das Kinderbuch mache die drei monotheistischen Weltreligionen verächtlich und weise hinsichtlich des Judentums angeblich antisemitische Tendenzen auf. Dagegen wendet sich nun eine gemeinsame Erklärung säkularer Verbände.

Familienministerin von der Leyen schuf 2006 ein ,Bündnis für Erziehung', das staatliche Förderung von Kinderziehung auf Basis ‚christlicher Werte' stellt. Außerdem übernahm sie die Schirmherrschaft des evangelikalen Kongress ‚Christival 2008' in Bremen, wo auch eine Art ‚Homosexuellenheilungsseminar' angeboten werden sollte.

Das Gebot der religiös-weltanschaulichen Neutralität als Verbot der Parteinahme des Staates in religiös-weltanschaulichen Angelegenheiten wurde durch den Kruzifix-Beschluss des Bundesverfassungsgerichts von 1995 (BverfGE 93, 1) bekräftigt und ist mittlerweile allgemein anerkannter Grundsatz staatlichen Handelns in religionsrechtlichen Fragen, zugleich aber das am meisten missachtete Gebot des Grundgesetzes.

Grundlage für die Kriterien bei Indizierungsverfahren ist § 18 Absatz 1 Jugendschutzgesetz: „Träger- und Telemedien, die geeignet sind, die Entwicklung von Kindern oder Jugendlichen oder ihre Erziehung zu einer eigenverantwortlichen und gemeinschaftsfähigen Persönlichkeit zu gefährden, sind von der Bundesprüfstelle für jugendgefährdende Medien in eine Liste jugendgefährdender Medien aufzunehmen. Dazu zählen vor allem unsittliche, verrohend wirkende, zu Gewalttätigkeit, Verbrechen oder Rassenhass anreizende Medien."

Anlage 2: Die Petition „Rettet das kleine Ferkel!“

Einen Tag nach der Veröffentlichung des Indizierungsantrags des Bundesfamilienministeriums gegen das Buch *Wo bitte geht's zu Gott? fragte das kleine Ferkel* starteten die *Giordano-Bruno-Stiftung* und der Alibri Verlag am 30.1.2008 eine „Kampagne zur Rettung des kleinen Ferkels“.

Auf der hierfür eingerichteten Petitionsliste der Website www.ferkelbuch.de trugen sich bis zum 19.2.2008 rund 4.800 Personen mit ihrem Namen, ihrem Beruf und ihrer Adresse ein, um sich auf diese Weise gegen die Indizierung des Ferkelbuchs zu wenden. Das Spektrum der Unterstützer der Petition reicht vom Schüler bis zum Rentner, vom Handwerker bis zum Universitätsprofessor. Besonders stark vertreten sind in der Liste der Unterstützer übrigens Pädagogen, Psychologen und Juristen.

Aus Platzgründen fügen wir die Liste der Unterstützer hier nicht an. Sie kann online unter www.ferkelbuch.de eingesehen werden.

Anlage 3: Screenshot der Amazon-Bestsellerliste vom 16.12.2007

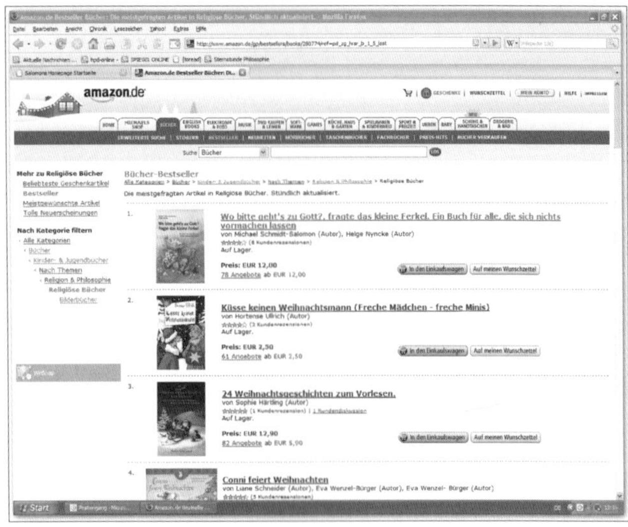

Nach der Veröffentlichung des Ferkelbuchs im Oktober 2007 führte es über viele Wochen die Amazon-Bestsellerliste in der Kategorie „religiöse Kinder- und Jugendbücher" an. Dieser Screenshot (der auch in der Anlage der Verteidigungsschrift veröffentlicht wurde) zeigt die Liste am 16.12.2007 an. Ein Tag später stellte die Diözese Rottenburg-Stuttgart (erfolglos) Strafanzeige wegen Volksverhetzung, fünf Tage später erfolgte der Indizierungsantrag des Bundesfamilienministeriums.

Anlage 4: Das sollen Kinder glauben?!

Eine kritische Analyse von Kinderbibeln aus psychologischer Sicht (Dr. Jürg Frick)

„Ich meine, es würde sehr lange dauern, bis ein nicht beeinflusstes Kind anfinge, sich Gedanken über Gott und Dinge jenseits der Welt zu machen ... man führt ihm die religiösen Lehren zu einer Zeit zu, da es weder Interesse für sie noch die Fähigkeit hat, ihre Tragweite zu begreifen. (...) Wenn dann das Denken des Kindes erwacht, sind die religiösen Lehren bereits unangreifbar geworden. (...) Wer sich einmal dazu gebracht hat, alle die Absurditäten, die die religiösen Lehren ihm zutragen, ohne Kritik hinzunehmen und selbst die Widersprüche zwischen ihnen zu übersehen, dessen Denkschwäche braucht uns nicht arg zu verwundern ...“[1]

Diese Stellungnahme Freuds in seiner Schrift *Die Zukunft einer Illusion* von 1927 zeigt in aller Kürze seine grundlegend skeptisch-ablehnende Einstellung zur religiösen Erziehung von Kindern. Die nachfolgende Analyse aktueller Kinderbibeln liefert Belege dafür, dass sich Freud in diesem Punkt nicht täuschte.

Obwohl sich die Bibel nicht direkt an Kinder richtet, sind immer wieder Teile davon für Kinder aufbereitet worden. Bei den neueren Kinderbibeln zeigt sich vermehrt die Tendenz, die Geschichten nicht zusätzlich erzählerisch zu überfrachten, sondern möglichst eng am biblischen Originaltext zu bleiben. Damit wird freilich die Fragwürdigkeit sowohl der Kinderbibeln als auch des Originaltextes erneut offenkundig. Ich beschränke mich angesichts der fast unübersehbaren Fülle von Kinderbibeln auf drei neuere und verbreitete Einführungen in die Bibel für Kinder: U. Wensell, *Die große*

Ravensburger Kinderbibel (1995); M. Day, *Große Abenteuer der Bibel* (1995) sowie M. Truong u. a., *Die Bibel* (1995).

Vorweg möchte ich folgendes festhalten: Wie Kinder die verschiedenen Geschichten der Bibel letztlich verstehen, interpretieren und verarbeiten, hängt von vielen Faktoren ab und kann jeweils nur individuell beantwortet werden. So spielen das Alter des Kindes, sein emotionaler und kognitiver Entwicklungsstand, seine Beziehung zu den Eltern und Geschwistern und zum weiteren sozialen Umfeld, die momentane Stimmungslage, die Form der Vermittlung der Geschichte (selber lesen, wie und mit welcher Absicht wird die Geschichte von wem erzählt) usw. eine wichtige Rolle. Und: Welche zusätzlichen Erläuterungen geben Eltern den Kindern, wie beantworten sie deren Fragen usw.? So wirken beispielsweise problematische Geschichten wie die Erzählung von Abraham und Isaak bei Kindern mit einer sicheren, guten Bindung zu ihren Eltern mit großer Wahrscheinlichkeit anders als bei verängstigten und misshandelten Kindern. Kinder sehen zudem in einer Geschichte häufig ganz andere Dinge als wir Erwachsenen und lesen aus für uns nebensächlichen Aspekten für sie zentrale Aussagen heraus und umgekehrt, d. h. jedes Kind verarbeitet seine Eindrücke spezifisch und individuell. So sind auch meine folgenden kritischen Fragen und Anmerkungen nur mögliche Interpretationsvarianten, die allerdings – leider – häufig bei Kindern stattfinden können. Bestimmte Geschichten legen durch ihre Konstruktion und ihre deutlich akzentuierte Hauptaussage – häufig durch Wiederholungen – sowie unterstützt durch veranschaulichende Bilder bestimmte Folgerungen und Denkfiguren nahe.

Ich wähle aus einer Vielzahl bewusst paradigmatische Geschichten aus, die aus meiner Sicht für Kinder zumindest problematisch sein können; die anderen, z. T. durchaus auch positiven Erzählungen in den Kinderbibeln sind zwar erfreulich, heben aber die Existenz der ersteren nicht auf.

Die *Ravensburger Kinderbibel* (RK) ist ein sehr schön gestaltetes großformatiges Werk, farbig und kindgerecht illustriert, auf hochwertigem Papier gedruckt und solide fadengeheftet. Ähnliches gilt für Days *Große Abenteuer der Bibel. Eine Reise durch die Welt des Alten Testaments* (GAB): Dieses besticht durch orientierende Illustrationen, Karten und Graphiken und berücksichtigt ansprechend gestaltet die moderne zeit- und umweltgeschichtliche Forschung. Das kleine Büchlein von Truong (TR) versteht sich schließlich als erste knappe Einführung.

Das Denk- und Erkenntnisverbot, verbunden mit Drohungen
Beginnen wir beim Anfang, bei der Schöpfungsgeschichte: Wer vom Baum der Erkenntnis isst, muss sterben (RK, S. 18). Kinder sind von Natur aus neugierig, wissbegierig, und diese natürliche Eigenschaft verhilft ihnen zur Aneignung und Bewältigung der komplexen Wirklichkeit. Ein solches Verbot ist daher unsinnig und widerspricht allen entwicklungspsychologischen Gegebenheiten und Erkenntnissen. Gott verbietet, vom Baum der Erkenntnis zu essen, „weil er nicht will, dass ihr werdet wie er und wisst, was gut ist und was böse“. (RK, S. 20)

Warum sollen das Kinder nicht wissen? Kinder essen doch sinnbildlich gesprochen vom Baum der Erkenntnis, indem sie z. B. in den meisten Ländern der Welt jahrelang zur Schule gehen. Eine gute Ausbildung fördert die eigenen Lebensmöglichkeiten und verhilft gerade auch Mädchen zu mehr Selbstständigkeit und eigenständigerer Identität. Die moralische Erziehung schließlich hat die Entwicklung eines gesunden Über-Ichs zum Ziel. Erwachsene wollen und sollen doch die Kinder in die Welt der Werte und Normen einführen. Wozu braucht Gott dieses Monopol? Hier werden elementare anthropologische Grundlagen und Bedürfnisse des Kindes missachtet. Zudem ist es ja ein wichtiges Ziel in jeder Erziehung, dass Kinder lernen, was in ihrer Kultur als gut und was als böse gilt. Weil Eva die Frucht vom Baum der Erkenntnis an Adam weitergab, wird sie von Gott bestraft: „Du wirst viele Beschwerden haben und deine Kinder unter

Schmerzen zur Welt bringen.“ (RK, S. 22) Wie versteht ein kleines Mädchen diese „Vorbereitung“ auf eine ihrer möglichen Rollen als spätere Gebärende? Will es aus Angst später keine Kinder haben? Wird sich diese Angst auch auf die Sexualität ausdehnen? Sucht es nach dieser Geschichte Fehler und „Sünden“ bei sich, um damit Unerfreuliches in seinem Leben erklären zu können? Müssen Kinder aus lernpsychologischer Sicht nicht eher – auch bei Unangenehmem und Schmerzlichem, aber Unabwendbarem – ermutigt werden?

Auf die unausweichlichen Fragen der Kinder, warum es Leid und Böses gibt, wenn Gott doch eine so gute Welt geschaffen hat, antwortet Truong mit einer (massiv verkürzten und dadurch den wahren biblischen Inhalt verschleiernden) Adam-Eva-Erzählung („weil sie sein wollten wie Gott“) und der Geschichte von Kain und Abel, ohne bei der letzteren die wahre Ursache oder zumindest den Auslöser zu erwähnen, nämlich Gottes unverständliche und willkürliche Ungerechtigkeit. So heißt es lapidar: „Kain tötete aus Eifersucht seinen Bruder Abel.“ (TR, S. 16) Eifersucht, eine zutiefst menschliche und überall verbreitete Regung (sogar Gott bezeichnet sich mehrfach als eifersüchtiger Gott! – vgl. z. B. 2. Mose 5) wird mit allem Bösen in der Welt in einen linearen Zusammenhang gebracht. So muss ein christliches Kind wohl lernen, seine Eifersuchtsgefühle abzuspalten, zu verdrängen oder auf andere zu projizieren. Hier würde die Bibel wohl besser einen sinnvollen Umgang mit der Eifersucht darstellen.

Die Ungerechtigkeit Gottes sticht in der Darstellung von Day noch mehr ins Auge: „Gott freute sich über Abels Opfergabe, aber aus irgendeinem Grund, den die Bibel nicht nennt, gefiel ihm Kains Geschenk nicht. Das ärgerte Kain gewaltig, denn er hatte doch den ganzen Sommer hindurch so hart gearbeitet, um diese Früchte großzuziehen. Er war nicht nur wütend über Gott, sondern auch eifersüchtig auf seinen Bruder Abel, weil Gott Abels Opfer bevorzugt hatte.“ (GAB, S.10)

Day zeigt sogar deutliches Verständnis für Kains berechtigten Unmut, hinterfragt aber in der ganzen Geschichte die offenkundige Parteilichkeit und krasse Ungerechtigkeit Gottes an keiner Stelle. Mögliches Fazit: Autoritäten (Gott und Eltern?) dürfen nach Belieben schalten und walten, ungerecht und gemein sein – ihre Position bleibt unangetastet und wir müssen sie trotzdem lieben, verehren, ihnen gehorchen. Mögliche Folge: Verinnerlichung masochistischer Haltungen.

(Fast) alle Menschen sind schlecht... und Gott todbringend?!
Obwohl Rohrbach[2] die Sintflutgeschichte einen Alptraum nennt, gehört sie offensichtlich zum unverzichtbaren Repertoire von Kinderbibeln, ja es existieren sogar Kinderbibeln, die nur diese Erzählung zum Inhalt haben.[3]

Wie sieht die Ravensburger-Fassung dazu aus? Gott sieht, dass die Menschen untereinander Streit haben, wird traurig und bereut es, die Menschen geschaffen zu haben. Er kann das nicht weiter mit ansehen und meint: „Ich habe genug von den Menschen." (RK, S. 26). Sogar die Tiere stören ihn nun. Wie versteht ein Kind diesen Teil der Geschichte? Jedes Kind streitet mit anderen. Haben mich nun die Eltern nicht mehr lieb? Die Bibel legt diese Deutung zumindest nahe. Nur einer, Noah, der mit niemandem Streit hatte (!), wird von Gott gemocht: Werden hier nicht völlig unrealistische und seltsame Vorbilder zelebriert? Welches Kind kann sich so der Liebe Gottes (und der Eltern) sicher sein? Gott zeigt sich für Kinder hier (wieder einmal) als sehr ungeduldig.

Die Menschen sind böse – darum überschwemmt Gott, in eindrücklichen Bildern dargestellt, die ertrinkenden Menschen, alles. Keine Worte des Bedauerns. Das gilt auch bei Day: Das Massensterben durch Ertrinken wird hier sogar in Text und Bild gänzlich ausgeklammert; die Geschichte wird dadurch vielleicht ein wenig harmloser, das göttliche Denken und Handeln bleiben verabscheuungswürdig. Zwar versprechen sowohl die Ravensburger-Kinderbibel wie die Day-Ausgabe allen nachfolgenden Kindern keine zweite Sintflut mehr. Trotzdem: Wie erleben Kinder solche Massenvernichtungen, die ohne Mitgefühl dargestellt werden? Welcher Umgang mit so genannt bösen Menschen wird Kindern hier vorexerziert? Welche Bezüge zu sich stellen Kinder her? Welche Ängste können damit verbunden sein? Gott ist traurig, dass die Menschen Streit untereinander haben – wir erfahren aber nichts über eine Trauer über den Massenmord und das elende Sterben von Millionen von Menschen. Die Angemessenheit bzw. die Berechtigung von Trauer ist hier völlig auf den Kopf gestellt.

Day bringt ein in der Bibel als paradigmatisch zu bezeichnendes Denkmuster in die Arche-Geschichte ein: „Die Menschen kümmerten sich immer weniger um Gott, und sie wurden hartherzig und böse." (GAB, 12) Also: Wer an Gott glaubt, ist gut und weitherzig, wer sich weniger um Gott kümmert – also alle Andersgläubigen, Nicht-Gläubigen, FreidenkerInnen, AtheistInnen usw. – ist definitionsgemäß böse. Hier finden wir wieder einmal die in der Erwachsenen-Bibel hundertfach vorhandene autoritäre Verdammung und Stigmatisierung aller Nicht-ChristInnen. Die Kinderrechtskonvention der UNO von 1990 erlässt im Artikel 2 ein Diskriminierungsverbot, das ausnahmslos allen Kindern alle Schutzrechte gewährt.

Bei Truong wird die Sache in knappen und dürren Worten abgehandelt: Gott beschließt, nur Noah zu retten, weil der ein guter Mensch war. (TR, S. 19) Moral der Geschichte: „Gute" werden gerettet, „Schlechte" werden umgebracht. Richtet sich die „Botschaft der Liebe ... des Gottessohnes Jesus Christus" tatsächlich „an alle Menschen"? (TR, S. 11) Laut Deckelumschlag ist die Truong-Bibel für Kinder ab 6 Jahren geeignet. Wirklich?

Die Sintflutgeschichte und andere Geschichten widersprechen übrigens in krasser Art und Weise dem berühmten Gebot „ihr dürft nicht töten" (GAB, S. 40): Wie werden aufgeweckte Kinder mit solchen offenkundigen Widersprüchen fertig? Warum tötet dann Gott? Darf nur Gott töten? Warum? Fragen über Fragen. Was antworten hier Eltern ihren Sprösslingen? Dem Geist der Sintflutgeschichte widersprechen klar mehrere Artikel der Kinderrechtskonvention: Artikel 37 erlässt z. B. das Verbot „grausamer Strafen oder anderer grausamer, unmenschlicher und erniedrigender Behandlungen, der Todesstrafe".

Verrat wird belohnt ... und der Feind vernichtet

Gott hat den Israeliten das Land Kanaan versprochen. Dazu werden zwei Spione nach Jericho geschleust, die von einer Einwohnerin (Rahab) zuerst versteckt werden. Als es zu gefährlich wird, leistet sie ihnen Fluchthilfe. Mit Gottes Hilfe (und durch die Informationen der Spione) gelingt die Eroberung Jerichos. Alles wird niedergebrannt, nur die Verräterin Rahab und ihre Familie werden verschont. Die Moral der Geschichte: Die Frau, die ihr ganzes Volk verraten und dadurch seinen Untergang zumindest mitverschuldet hat, wird von Gott belohnt. Ein gutes Vorbild?

Mit dem richtigen Gott gegen den bösen Feind

Isebel als Königin von Israel betete aus der Sicht der Priester die „falschen" Götter an, besonders Baal: „Es konnte nicht gut gehen, wenn die Israeliten sich vom wahren Gott, der sie aus Ägypten herausgeführt hatte, abwandten." (GAB, S. 58-59) Ein einfältiger Feuertest beweist schließlich die Überlegenheit des biblischen Gottes. Solche Geschichten fördern heute kaum die Toleranz der Kinder anderen Kulturen, Religionen und Lebens-entwürfen gegenüber. Auch die wiedergegebenen Auszüge aus den Psalmen betonen Intoleranz und Abhängigkeit von Gott: „Mit deiner Hand verjagtest du die fremden Völker. Mit deiner Hilfe kämpften wir unsere Feinde nieder, in deinem Namen schlagen wir sie zu Boden. Jetzt aber, Herr, hast du uns zurückgewiesen, du stehst im Kampf nicht mehr auf unserer Seite ... Wir sind in den Staub geworfen, wehrlos liegen wir am Boden.“ (GAB, S. 70) Eine Frohbotschaft für Kinder? Mit Gottes Hilfe in den Kampf?

Absoluter Gehorsam und Aufruf zum Kindermord

Die Ravensburger Bibel berichtet von Gott: „Ich habe einen schwierigen Auftrag für dich, denn ich weiß, wie sehr du [Abraham] Isaak liebhast. Geh mit ihm auf einen Berg ... und bringe mir deinen einzigen Sohn als Brandopfer dar.“ (RK, S. 42) Schweren Herzens, aber ohne den geringsten Einwand oder Widerstand macht sich Abraham mit Sohn, Esel und Holz auf den langen Weg. Unschuldig fragt Isaak unterwegs, wo das Lamm für das Opfer denn sei. Abraham gibt die unaufrichtige Antwort: „Gott wird für ein Opferlamm sorgen.“ (RK, S. 42) Wie deutet ein Kind wohl diese Geschichte? Identifizieren sich kleine Kinder nicht mit Isaak? Welche Gefühle entwickeln sie dabei? Kann man sich auf den eigenen Vater nicht mehr verlassen? Wäre auch mein Vater bereit, mich umzubringen? Bin ich ein böses Kind? Welche Träume kann eine solche Geschichte bei Kindern mit einer angespannten Beziehung zu den Eltern bewirken? Wie deutet wohl ein „böses“ Kind diese Geschichte? Untergräbt eine solche Geschichte nicht das natürliche und entwicklungspsychologisch notwendige Vertrauen zwischen Kindern und ihren Vätern?

Im allerletzten Moment – das Holz ist aufgeschichtet, sein Sohn gefesselt und Abraham will schon nach seinem Messer greifen, um Isaak zu töten – interveniert ein Engel Gottes: „Ich weiß jetzt, wie sehr du Gott gehorchst. Du bist sogar bereit, ihm deinen einzigen Sohn zu geben.“ (RK, S. 44) Die Version dieser Erzählung bei Day ist noch empörender: „Als sie einen schönen (!) Platz gefunden hatten, baute Abraham seinen Altar aus Steinen und stapelte das Holz darauf. Dann band er seinen Sohn auf dem Altar fest. Er wollte Isaak nicht töten, der doch sein einziger Sohn war und den er so liebhatte. Aber er wusste, dass er Gott gehorchen musste. Gott hatte ihm Isaak geschenkt, also konnte er ihn jetzt auch wieder zurückfordern.“ (GAB, S. 20)

Der blinde Gehorsam wird hier als unausweichlich, logisch und richtig gerechtfertigt. Wieso muss Abraham gehorchen? Die Schlussbegründung, dass Gott seinen Sohn zurückfordern dürfe, da er ihn Abraham vorher geschenkt hatte, ist ungeheuerlich. Fordert man Geschenke auf solche Weise zurück? Ist Isaak überhaupt ein „Geschenk Gottes“? Day legitimiert diesen schändlichen Gehorsam auf unerträgliche Weise. Eine Geschichte, wo „Gott Großes mit ihnen“ (den Menschen) vorhat? (GAB, S. 6) Wird mit solchen Geschichten die „Förderung der Persönlichkeitsentwicklung des Kindes“ (Artikel 29 der Kinderrechtskonvention) erreicht? Kinder lernen vermutlich durch eine solch grausame Geschichte, Abraham zu bewundern, weil er seinem Gott bedingungslos gehorcht. Ist das ein zeitgemäßes und erwünschtes Modell für heutige Kinder und Jugendliche? Als weitere Botschaft lässt sich der Erzählung entnehmen, dass die Gottheit am ehesten zu gewinnen wäre, wenn man ihr das Kostbarste und Liebste ausliefere, was eine Familie besitzen kann. Rohrbach meint: „Welch eine Gefühllosigkeit und Denkfaulheit, Kindern eine so tiefgründige und vielschichtige Erzählung zu verordnen. (...) Es ist eine Schande, dass Kinderbibeln auch heute noch diese Kinderopfergeschichte enthalten.“ Dem bleibt nichts hinzuzufügen.

Drohungen und Gehorchen

Beten die Israeliten einen goldenen Stier als Gott an, weil Moses nicht mehr auftaucht, droht Gott mit der Vernichtung des Volkes (das er vorher vor den Ägyptern durch das geteilte Meer hindurch gerettet hatte! Diese sind dabei alle elendiglich ertrunken) – nur Moses kann ihn schließlich mit knapper Not umstimmen (RK, S. 68-70). Die Leute von Ninive, die nicht nach den Vorstellungen des biblischen Gottes leben, können ihrer Vernichtung nur durch einen Gesinnungswandel entrinnen (RK, S. 82-85). Solche pädagogischen Drohgeschichten sind psychologisch schädlich. Zusätzlich werden Kinder daran gewöhnt, in solchen Kategorien zu denken.

In der eindrücklichen und farblich meisterhaft illustrierten Geschichte, wo Jesus in der Wüste vom Teufel immer wieder auf die Probe gestellt wird, geht es letztlich wiederum nur um den absoluten Gehorsam gegenüber dem einen Gott: „Du sollst nur Gott anbeten. Ihm allein sollst du dienen und sonst keinem.“ (RK, S. 108-109) Angesichts unserer multikulturellen Gesellschaft mit mehreren Gottesvorstellungen und Weltanschauungen sind Eltern und Kinder mit solchen Geschichten schlecht beraten. Es geht gerade im Gegenteil darum, Kindern eine Weitherzigkeit und ein Verständnis in Bezug auf persönliche Glaubensüberzeugungen und Lebensentwürfe nahe zu bringen. Die biblische Behauptung fördert hingegen Intoleranz und Engstirnigkeit.

Artikel 14 der Kinderrechtskonvention betont „das Recht des Kindes auf Glaubens-, Gewissens- und Religionsfreiheit“. Der biblische Gott missachtet dies. Jesus reißt sogar auch Familienbande auseinander: Die beiden Brüder Jakobus und Johannes flicken gerade die Netze ihres Vaters, als Jesus vorbeikommt: „Lasst alles liegen ... folgt mir nach!“, lautet der apodiktische und unhinterfragbare Befehl. Die beiden gehorchen sofort und gehen mit Jesus. Ähnlich geht es mit zwei anderen Fischern, Petrus und Andreas. Zu ihnen sagt Jesus ebenso knapp: „Lasst eure Netze liegen. Kommt mit mir. Ihr werdet keine Fische mehr fangen, sondern Menschen gewinnen für Gott.“ (RK, S. 110) Fragen, Diskussion, Einwände, ein Verabschieden von Angehörigen u.a. gibt es nicht mehr. Diese Männer werden die Jünger Jesu! Wie reagieren heute Eltern, wenn ein selbsternannter Guru oder Führer ihnen ihre Söhne oder Töchter so entreißt? Sie versuchen heute teilweise sogar mit Entführung und Deprogrammierung, ihre Kinder wiederzugewinnen.

Wunder- und Aberglaube

Kritische Geister unserer Gesellschaft beklagen zu Recht einen zunehmenden Wunder- und Aberglauben, unsinnigste und einfältigste esoterische Bauernfängerei und irrationale Denk- und Handlungsmuster. Sogar kirchliche Sektenbeauftragte sind in kirchlichen oder kirchennahen Beratungsstellen zur Abwehr solcher Erscheinungen tätig, und die großen Landeskirchen empören sich über gefährliche fundamentalistische Religions- und Psychokulte. Irrationalität und Aberglaube findet sich aber (und das nicht zu knapp) auch in der Bibel – und in Kinderbibeln. So bekommt Maria etwa ohne das geschlechtliche Zutun eines Mannes ein Kind und sogar Sara ist trotz ihres hohen Alters durch Gottes Hilfe schwanger geworden – denn: „Gott ist nichts unmöglich." (RK, S. 92) Leib- und Sexualfeindlichkeit statt Aufklärung über die natürlichste Sache der Welt?

Wunderglaube und Irrationalismus finden sich auch in der Einleitung zur Geschichte der ägyptischen Plagen: Als antike Supermans verwandeln Mose und sein Bruder Aaron einen Stab zur Schlange. Schlägt Aaron mit seinem Stab am Nil auf das Wasser, so verwandelt es sich in Blut (vgl. GAB, S. 36). Natürlich sind Kinder von solchen magischen Geschichten fasziniert.

Die Bösen (und eine Ungehorsame) werden vernichtet

Die Engel sagen in dieser Erzählung zu Lot, einem Neffen Abrahams: „Gott wird diese Stadt vernichten, weil sie böse ist." Die Engel raten Lot und seiner Familie, sich rechtzeitig in Sicherheit zu bringen und sich keinesfalls umzudrehen. So fliehen sie, in den Städten Sodom und Gomorra brechen „gewaltige Feuer aus und verbrennen alles Leben" – durch Gottes Hand.

Aus sicherer Entfernung hören sie Explosionen und riechen Rauch. Lots Frau vergisst die Warnung und dreht sich um: Sofort verwandelt sie sich zur Salzsäule. Auch hier: Mit welcher ethischen Berechtigung vernichtet Gott ganze

Städte, löscht alles Leben wahllos aus? Die Geschichte erwähnt nur, dass in Sodom „böse Menschen" wohnen. Was heißt denn das genau? Was erklären hier christliche Eltern ihren Kindern auf solche Fragen? Und: Wohnen nicht in allen Städten unter anderem auch solche Menschen? Rechfertigen einige „Böse" gleich die Vernichtung (!) aller? Warum wird Lots Frau ob einer natürlichen menschlichen Regung (Vergesslichkeit, Neugier, Interesse?) gleich mit dem Tod bestraft? Diese Pädagogik ist hart, ungerecht, unerbittlich, gnadenlos. (alle Zitate GAB, S. 16-17)

Zum Schluss
Bietet die Ravensburger Kinderbibel tatsächlich eine „gute Hinführung zur christlichen Botschaft" wie es Meier[4] formuliert? Die Einführung gelingt, aber die biblische Botschaft bleibt für Kinder und Jugendliche mehr als problematisch und zweifelhaft.

In der Einführung von Day ist von „großen Helden" die Rede. Erwähnt werden u.a. Noah und Abraham. Nach meinen bisherigen Darlegungen sind das wohl mehr als zweifelhafte Helden. Ebenso unkritisch werden Geschichten wie etwa die Sintflut zu den „spannendsten Ereignissen der Geschichte Israels" gezählt. Ist ein ungerechter Holocaust „nur" spannend? Day verspricht eine „bunte und abwechslungsreiche Geschichte Gottes mit seinem auserwählten Volk" und er will zeigen, wie die Menschen „Großes in Friedenszeiten leisteten". Für ihn ist „das Alte Testament keine langweilige Sache. Es ist spannend wie das Leben der Menschen – besonders wenn Gott Großes mit ihnen vorhat" (alle Zitate GAB, S. 6).

Das Buch ist tatsächlich mit farbigen Bildern, Skizzen und Zeichnungen lebendig und anschaulich gestaltet, aber: Wer hat hier „Großes" in Friedenszeiten geleistet? Etwa Abraham mit seinem blinden Gehorsam und dem fast vollzogenen Mord an seinem einzigen geliebten Sohn? Und ist etwa das elende Ertrinken aller Menschen außer Noah und seiner

Familie (und der meisten Tiere!) das „Große“, das Gott mit ihnen vorhat? Werden hier nicht ethische Vorstellungen ad absurdum geführt? Zeigt sich wahre Größe nicht in ganz anderen Vorhaben und Taten?

Selbstverständlich lassen sich massive Einwände auch gegen andere Kindergeschichten und Kinderbücher sowie Kinderfilme vorbringen. Der für mich zentrale Hauptunterschied besteht aber darin, dass bei den Kinderbibeln Gott in seinem Denken und Handeln für Christen eine unhinterfragbare Gestalt bleibt (bleiben muss). Können wir uns über zweifelhafte Idol-Figuren in anderen Geschichten und in den Medien leicht empören, wird dies für christlich orientierte Menschen sowohl bei der Bibel als auch bei Kinderbibeln schwieriger. Natürlich werden von Eltern und ReligionslehrerInnen viele Geschichten der Bibel (zum Glück) abgeändert, ausgewählt, kommentiert und erläutert – aber wer stellt die zentralen Denk- und Handlungsmuster in diesen Geschichten sowie die Gestalt Gottes wirklich in Frage?

Dieser Text von Dr. Jürg Frick (damals Dozent für Psychologie und Pädagogik an der Pädagogischen Hochschule Zürich) erschien erstmalig in der Zeitschrift MIZ (Ausgabe 1/03) und wurde zur Untermauerung der Argumentation in die Ferkelbuch-Verteidigungsschrift aufgenommen.

Anmerkungen

1 Sigmund Freud: Die Zukunft einer Illusion. In: Freud-Studienausgabe Band 9, Ex Libris, Zürich 1977, S. 180-181
2 Heiko Rohrbach: Befreiung von biblischen Alpträumen. Wider Sintflut und Höllenangst. Kreuz, Stuttgart 1994, S. 81
3 Gertrud Fussenegger/Annegret Fuchshuber: Die Arche Noah. Betz, Wien 1995
4 Michael Meier: Abschied vom bärtigen Gott. Einblick in moderne Kinderbibeln. Tages-Anzeiger Zürich vom 14.12.1995, S. 69

Literatur

Sigmund Freud: Die Zukunft einer Illusion. In: Freud-Studienausgabe Band 9, Ex Libris Zürich 1977

Jürg Frick: Das Ende einer Illusion. Denkanstösse zu Ethik und Pädagogik der Bibel. Lenz Neustadt 1999

Heiko Rohrbach: Befreiung von biblischen Alpträumen. Wider Sintflut und Höllenangst. Kreuz Stuttgart 1994

Gertrud Fussenegger/Annegret Fuchshuber: Die Arche Noah. Betz Wien 1995

Ulises Wensell: Die große Ravensburger Kinderbibel. Erzählt von Thomas Erne. Ravensburg 1995

Malcolm Day: Grosse Abenteuer der Bibel. Eine Reise durch die Welt des Alten Testaments. Herder Freiburg 1995

Marcelino Truong u.a.: Die Bibel. Eine Einführung für Kinder. Kreuz Stuttgart 1995

Unicef-CH (Hrsg.): Kinder haben Rechte, auch bei uns. Die Konvention über die Rechte des Kindes und die Schweiz. Zürich 1993

UNESCO-Kurier: Menschenrechte. Nr. 3/1994 Hallwag Bern

Kleines Nachspiel: Das Ferkel und der Bischof, der das Blaue vom Himmel log

Am 25. Mai 2008 hielt der Regensburger Bischof Gerhard Ludwig Müller (der später zum Kardinal und zum Vorsitzenden der Vatikanischen Glaubenskongregation ernannt wurde) eine Predigt, in der er behauptete, Autor Michael Schmidt-Salomon habe im „kleinen Ferkel" Gläubige als Schweine dargestellt und dazu aufgerufen, kleine Kinder zu töten. Wegen dieser völlig abwegigen, wahrheitswidrigen und diffamierenden Tatsachenbehauptungen kam es zu einem mehrjährigen Rechtsstreit.

Müller vertrat dabei den Standpunkt, dass er als Bischof in seiner Predigt absolut „frei" sein müsse, also nicht durch das lästige Beachten von Tatsachen in seinen Äußerungen eingeschränkt werden dürfe. Sein Anwalt meinte während der Verhandlung sogar, es sei absurd, einen katholischen Bischof wegen falscher Tatsachenbehauptungen gerichtlich zu belangen, da kein Mensch von einer Predigt Tatsachen erwarten würde (kein Witz!).

Erstaunlicherweise konnte sich Müller mit diesem merkwürdigen Rechtsverständnis in der ersten Instanz durchsetzen. In der zweiten und dritten Instanz machten ihm die Richter aber klar, dass auch ein Bischof keine wahrheitswidrigen und diffamierenden Behauptungen verbreiten darf. Am 8. August 2011 endete der Rechtsstreit mit einem Urteil des Bundesverwaltungsgerichts, das feststellte, dass „die religiöse Äußerungsfreiheit, auch soweit es um eine Predigt geht, keinen absoluten Vorrang vor den Belangen des Persönlichkeits- und Ehrenschutzes“ genießt. Damit war geklärt, dass die Religionsfreiheit nicht das Recht zur Diffamierung Andersdenkender einschließt.

Auf diese Weise hatte das kleine Ferkel – nach dem Erfolg vor der Bundesprüfstelle für jugendgefährdende Medien – einen zweiten Sieg über die unheilige Allianz von Staat und Kirche errungen. Und da es nicht gestorben ist, freut es sich noch heute…

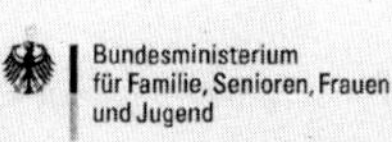

Bundesministerium für Familie, Senioren, Frauen und Jugend

Bundesministerium für Familie, Senioren, Frauen und Jugend, 53107 Bonn

An die
Bundesprüfstelle für jugendgefährdende Medien
Rochusstraße 8-10

53123 Bonn

Referat 504
Jugendschutzgesetz, Medienkompetenz

Susanne Schuster
HAUSANSCHRIFT Rochusstraße 8 - 10, 53123 Bonn
POSTANSCHRIFT 53107 Bonn

TEL +49 (0)3018 555-2717
FAX +49 (0)3018 555-
E-MAIL susanne.schuster@bmfsfj.bund.de
INTERNET www.bmfsfj.de

ORT, DATUM Bonn, den 21.12.2007

Pr. 009108

Indizierungsantrag nach dem Jugendschutzgesetz (JuSchG)

Hiermit wird beantragt, das Buch

Wo bitte geht's zu Gott? fragte das kleine Ferkel –
Ein Buch für alle, die sich nichts vormachen lassen
von Michael Schmidt-Salomon und Helge Nyncke
1. Auflage

gemäß § 18 Abs. 1 JuSchG in die Liste der jugendgefährdenden Medien aufzunehmen.

Das Buch ist im Jahre 2007 im **Alibri Verlag,** Postfach 100 361, 63703 Aschaffenburg, erschienen. Es hat 20 Seiten und kann über den Verlag unter www.alibri.de sowie im Buchhandel zum Preis von EUR 12.00 bezogen werden.

Begründung:

Das vorstehend bezeichnete Buch ist nach § 18 Abs. 1 JuSchG geeignet, die Entwicklung von Kindern und Jugendlichen oder ihre Erziehung zu einer eigenverantwortlichen und gemeinschaftsfähigen Persönlichkeit zu gefährden. Nach § 18 Abs. 1 Satz 2 JuSchG sind

Indizierungsantrag nach dem Jugendschutzgesetz

Hiermit wird beantragt, das Buch

Wo bitte geht's m Gott? fragte das kleine Ferkel – Ein Buch für alle, die sich nichts vormachen lassen
von Michael Schmidt-Salomon und Helge Nyncke
1. Auflage

gemäß § 18 Abs. 1 JuSchG in die Liste der jugendgefährdenden Medien aufzunehmen.

Das Buch ist im Jahre 2007 im Alibri Verlag, Postfach 100 361, 63703 Aschaffenburg, erschienen. Es hat 20 Seiten und kann über den Verlag unter www.alibri.de sowie im Buchhandel zum Preis von EUR 12.00 bezogen werden.

Begründung
Das vorstehend bezeichnete Buch ist nach § 18 Abs. 1 JuSchG geeignet, die Entwicklung von Kindern und Jugendlichen oder ihre Erziehung zu einer eigenverantwortlichen und gemeinschaftsfähigen Persönlichkeit zu gefährden. Nach § 18 Abs. 1 Satz 2 JuSchG sind Medien jugendgefährdend, wenn sie unsittlich sind, verrohend wirken, zu Gewalttätigkeit, Verbrechen oder Rasscnhass anreizen.

Zum Rassenhass anreizende Medien sind solche, die sich dazu eignen, eine gesteigerte, über eine bloße Ablehnung bzw. Verachtung hinausgehende feindselige Haltung gegen eine durch ihre Nationalität, Religion oder ihr Volkstum bestimmte Gruppe zu erzeugen (vgl. Nikles, Roll, Spürck, ümbach. Jugendschutzrecht 2005, Rdn. 5).

In dem Buch werden die drei großen Weltreligionen Christentum, Islam und das Judentum verächtlich gemacht. Die Besonderheiten jeder Religion werden der Lächerlichkeit preisgegeben.

Insbesondere wird der jüdische Glaube durch die bildliche Darstellung und die Charakterisierung der Person des Rabbi verächtlich gemacht.

Der Rabbi wird auf Seite 15 als wütender Mann mit entgleisten Gesichtszügen und den stereotypen Merkmalen eines streng orthodoxen Juden in negativer Weise dargestellt.

Durch die Anführung des Beispiels der „Sintflut". durch welche „Menschenbabys, Omas und Tier" vernichtet worden seien, wird die jüdische Religion als besonders Angst einflößend und grausam dargestellt.

Dies ergibt sich aus folgenden Textpassagen:

„Eines Tages", sagte der Rabbi, „ärgerte sich Gott, der Herr, so sehr über die Menschen, dass er sich entschloss, alles Leben auf der Erde zu vernichten." „Alles Leben?", fragte das Ferkel erschrocken. „Alle Menschenbabys, alle Omas und alle Tiere? Auch die Ferkel, die Igel, die Schmetterlinge und die kleinen Meerschweinchen?" „Ja, alles Leben", antwortete der Rabbi.

Unterstrichen wird die Wirkung des Textes durch den Bildbeitrag, in welchem uu sehen ist, wie der Rabbi symbolisch die Arche Noah in seinen Händen hält. Um ihn herum liegen verstreut Gegenstände, wie z. B. ein Babyschnuller und Kinderschuhe, die verdeutlichen sollen, dass bei der Sintflut Säuglinge und kleine Kinder ums Leben gekommen sind. Diese Art der bildlichen Präsentation stellt die jüdische Religion als besonders menschenverachtend, grausam und mitleidslos dar.

Eine weitere Abbildung (S. 31/32) unterstreicht ebenfalls das Negative gegenüber der jüdischen Religion. Diese zeigt den Rabbi in derselben unsympathischen Art, wie in der bereits beschriebenen Abbildung, wie er einem Vertreter des christlichen Glaubens eine Schriftrolle auf den Mund drückt und ihn zu ersticken droht.

Während die Vertreter der anderen Religionen in den Abbildungen eher tölpelhaft und dumm dargestellt werden, scheinen die Verfasser mit der Darstellung des Rabbiners zu suggerieren, dass die jüdische Glaubensgemeinschaft andere Religionsgemeinschaften vernichten will. Ausschließlich der Rabbi wird in dem Buch in dieser Form charakterisiert. Mit dem Buch. das sich in seiner äußeren Gestaltung auch schon an kleine Kinder richtet, wird demzufolge ein Bild vermittelt, wonach Juden ihren Glauben auch mittels Gewalt durchsetzen und das Bestreben haben, alle anderen Religionen zu vernichten.

In der Gesamtbetrachtung weisen Text und Abbildungen des Buches mithin antisemitische Tendenzen auf. Das Buch ist somit geeignet, Kinder und Jugendliche sozial-ethisch zu desorientieren.

Im Übrigen verweise ich auf das beiliegende Buchexemplar mit den markierten Passagen.

Im Auftrag
Susanne Schuster